Michèle Anjali Friedli

Mut im Bauch

Mit Energie und Freude den Neubeginn meistern

Sorriso
VERLAG
books that make you smile!

Ich widme dieses Buch allen Menschen, die sich mutig aufmachen, ihre Herzenswünsche zu leben.

Mein tiefer Dank geht an Karem Albash, meinen Partner. Danke für Deine großartige Unterstützung.

Michèle Anjali Friedli

Mut im Bauch

Mit Energie und Freude den Neubeginn meistern

Sorriso
VERLAG

Impressum

Lektorat: Dr. Ulrike Brandt-Schwarze
Korrektorat: Bianca Weirauch
Layout, Umschlaggestaltung und Satz:
KONTRASTE – Graphische Produktion, Björn Fremgen
Druck und Bindung: booksfactory.de

ISBN: 978-3-946287-58-2

1. Auflage 2015

Dieses Buch ist auch als E-Book erhältlich.

www.sorriso-verlag.com

Jetzt Teil der sorriso community werden unter:

Bildnachweis:
© Umschlagfoto Cover: sarininka/123rf.com
© Löwe mit Krone: Svetlana Alyuk/123rf.com
© Abbildungen im Text: Matrix Live
© Autorenfoto: Michèle Anjali Friedli, Fotograf: Karem Albash

sorriso
VERLAG

Inhalt

Aufbruchstimmung

Mein liebster Neubeginn ist der frühe Morgen. Wenn es mein Terminplan zulässt, nehme ich mir die Zeit, um vor Sonnenaufgang aufzustehen. Im Dunkeln suche ich meine Kleider zusammen, damit ich meinen Partner Karem nicht wecke. Auf Zehenspitzen schleiche ich die Treppe hoch ins Wohnzimmer. Es befindet sich im Dachgeschoss und hat zwei große Fensterfronten mit einem weiten Ausblick bis nach Zürich und auf die umliegenden Wälder von Adliswil. Ich schlüpfe in bequeme Kleidung, mache mir mit dem Wasserkocher einen Tee und, wenn es nicht zu kalt ist, steige ich hinaus auf die Dachterrasse. Dort genieße ich einen Moment die frische Luft. Zurück im Wohnzimmer kuschle ich mich mit einer Decke in meinen Lieblingssessel und schaue mit dem dampfenden Tee in der Hand in die Weite. Während ich meinen Tee trinke, sehe ich den ersten hellen Lichtstreifen am Horizont auftauchen.

Die meisten Menschen um mich herum befinden sich noch im Land der Träume. Der Tag ist zu dieser Zeit frisch, still und unverbraucht. Das mag ich. Ein neuer Tag ist für mich ein Geschenk, das ich freudig in Empfang nehme. Alles ist offen, alles ist möglich, und vieles ist noch unbekannt. Ich sitze da mit den Glücksgefühlen eines kleinen Kindes, das sich mit Himmel und Erde verbunden fühlt und dem Leben vertraut.

Meistens beginne ich damit, mir ins Gedächtnis zu rufen, worauf ich mich an diesem Tag freuen kann. Ich visualisiere die bestmöglichen Resultate und bin dankbar für das, was ich bis jetzt in meinem Leben erreicht habe. An manchen Tagen weiß ich auch, dass Herausforderungen auf mich zukommen werden. In solchen Fällen schaue ich genau hin, wie es mir damit geht: Ich nehme das ungute Gefühl wahr und lasse es mit einer meiner Energie- und Bewusstseinstechniken los, auf die ich im Laufe dieses Buches noch näher eingehen werde. Dies mache ich so lange, bis sich meine Befürchtungen auflösen und ich wieder zurück ins Vertrauen finde. Rio, mein Kater, gesellt sich häufig zu mir und nutzt meine ruhige und friedliche Stimmung, um sich ein paar Streicheleinheiten abzuholen.

Wenn meine Teetasse leer ist, widme ich mich der Morgenpraxis. Ich mache ein paar Yogaübungen aus meinem Repertoire oder führe eine Atemtechnik aus und hänge im Anschluss noch eine Meditation an. Mit dem zunehmenden Tageslicht spüre ich die aufkommende Energie der Morgenstunden. In den umliegenden Wohnhäusern werden immer mehr Menschen wach und starten in den Tag. Die Intensität nimmt von Minute zu Minute zu. Die betriebsame Energie ist für mich fast physisch greifbar. Sie wechselt von der erholsamen Stille und dem Frieden der Nacht zu einem freudigen und geschäftigen Treiben. Den Schwung dieser Energie nehme ich mit in den Tag. Wenn ich den Morgen auf diese Weise bewusst beginne, erhalte ich etwas, das ich ein „positives Ich-Gefühl" nenne. Ich bin belebt, zentriert und im Vertrauen, dass ich den Herausforderungen des Tages gewachsen bin. Mit diesem bewussten Start in den Tag halten das positive Ich-Gefühl und die tragende Energie dahinter noch lange an. Dadurch bin ich tagsüber in meiner Kraft und kann viel mehr schaffen.

Genau so ist es mit jedem Neubeginn. Je bewusster ich ihn erlebe und je besser ich spüre, was ich darin brauche, und dies auch umsetze, desto einfacher und freudiger kann ein Neuanfang sein.

Zeiten des Neubeginns sind intensive Zeiten, in denen wir viel mehr mit uns selbst in Kontakt kommen als sonst. Läuft das Leben in geregelten Bahnen, stellt sich schleichend der sogenannte Alltagstrott ein: Wir gehen davon aus, dass wir genau wissen, was kommt, und dass es immer dasselbe sein wird. Dabei entsteht ein leicht abgestandener fahler Geschmack. Das erzeugt ein Gefühl, dass nichts Neues mehr kommt und wir einfach zu funktionieren haben.

Aber ist das so? Sind wir auf der Welt, um zu funktionieren wie Ameisen in einem Ameisenhaufen? Ich denke nicht. Für mich war das Leben schon immer ein großer Spielplatz, auf dem es so vieles zu entdecken und auszuprobieren gibt. Manchmal braucht es Mut und manchmal kommen wir dabei vom Weg ab. Aber wer immer auf dem vorgespurten Pfad bleibt, der hinterlässt keine Spuren.

Ich bin über 40 Jahre alt, bin 14 Mal umgezogen und habe viele verschiedene Tätigkeiten ausgeübt. In jungen Jahren habe ich neben der Schule im Kinderzoo gearbeitet, Büros geputzt und auf Kinder aufgepasst. Später habe ich in einem beliebten Restaurant in Basel serviert, an der Rezeption eines Hilfswerkes gearbeitet und auf der Notschlafstelle für Frauen Nachtdienste getätigt. Anschließend wurde ich Krankenschwester, arbeitete als schulische Heilpädagogin, als Theaterpädagogin und als Kindergärtnerin.

In der Vergangenheit hatte ich einige langjährige Beziehungen. Einmal habe ich sogar geheiratet und mich später wieder scheiden lassen. Während all der Jahre tanzte ich leidenschaftlich gerne. Ballett, Jazz-Tanz, Hip-Hop, Südindischer Tempeltanz und zum Schluss über viele Jahre Salsa. Dabei lernte ich meinen jetzigen Partner Karem kennen und lieben. Seit Sommer 2010 bin ich glücklich mit Karem zusammen.

Mit ihm kam auch die Energiearbeit in Form der Zwei-Punkte-Technik (auch bekannt unter dem Begriff „Matrixen“) in mein Leben.

Karem und ich lernten das Matrixen mit großer Begeisterung bei *Matrix Transformation*. Karem hatte als Lizenznehmer Kurse angeboten, und ich hatte ihn dabei unterstützt. Gleichzeitig begann für uns beide eine intensive Zeit der Meditation und Bewusstseinsarbeit in einem Training namens „Kunst der Achtsamkeit“ von Nandi Devar. Damit steigerten sich unsere Achtsamkeit, unsere Bewusstheit und die Fähigkeit, in Meditationen Situationen des Alltags auf energetischer Ebene zu betrachten. Aus diesen neuen Fähigkeiten und dem damit verbundenen Wissen heraus entstand bei uns der Wunsch, das Matrixen nach unseren Vorstellungen umzugestalten. Wir wollten eigene Erfahrungen mit hineinbringen, eigene Anwendungen kreieren und die Technik inklusive der Sprache auf unsere eigene Art und Weise ausüben. Wir bedanken uns an dieser Stelle bei Ulrich Kieslich für seine wertvolle Arbeit und dass er uns die Möglichkeit gab, darauf aufzubauen.

Im März 2011 war der Zeitpunkt gekommen: Karem und ich wagten einen mutigen Schritt und gründeten mit *Matrix Live* unsere eigene Firma. Ich gab meine Stelle als Kindergärtnerin auf, brach mein Masterstudium an der Universität Fribourg in „Frühkindlicher Erziehung" ab und widmete all meine Energie voller Vertrauen und innerer Zuversicht dem Aufbau von *Matrix Live*. Seither biete ich Coachings, Workshops und Ausbildungsseminare rund um die Transformation der inneren Welt nach *Matrix Live* an. Für mich war es ein großer Schritt, von der Sicherheit einer Angestellten zur Selbstständigkeit, und es war nicht immer einfach, die vielen Zweifel und Befürchtungen in Schach zu halten, die mit so einem Neuanfang auftauchen. Was mich antrieb, war der Wunsch, etwas zu bewirken, Menschen diese Technik auf meine Weise weiterzugeben. Dieser Wunsch war so groß, dass ich es wagte, und ich bin heute noch dankbar für mein damaliges Vertrauen.

Sowohl Karem als auch ich haben an einer Universität studiert und sind es daher gewohnt, zu forschen und zu entwickeln. Diesen Ansatz übernahmen wir für *Matrix Live*. Wir haben bis heute Freude daran, die Inhalte und Techniken laufend weiterzuentwickeln, und führen regelmäßig Befragungen unter ehemaligen Kursteilnehmern durch. Deren wertvollen Input beherzigen wir gern und setzen die neuen Erkenntnisse daraus in der Gestaltung von *Matrix Live* um. Zudem nutzen wir Meditationen und Bewusstseinsarbeit, um möglichst konkrete und wirkungsvolle Übungen zu kreieren, damit das Matrixen noch einfacher ausgeübt werden kann.

Wie du siehst, war mein bisheriges Leben durchzogen von Neuanfängen. Und ich habe hier nur die offensichtlichen aufgezählt. Jeder dieser Neuanfänge war ein Geschenk, für das ich dankbar bin, denn sie haben mich zu dem geformt, was ich heute bin. Ich brauchte Vertrauen und auch Mut, um meine unterschiedlichen Vorhaben in die Tat umzusetzen.

Es gab auch schmerzhafte Neuanfänge. Zum Beispiel, wenn eine langjährige Beziehung zu Ende ging. Aber auch im größten Schmerz habe ich den Neuanfang als innere Öffnung empfunden. Ich war zwar traurig, aber ich fühlte mich lebendig, denn ich war in Kontakt mit mir selbst, und ich war in Bewegung. Ich setzte mich mit meiner inneren Welt auseinander. Mit Zweifeln, mit Befürchtungen, mit Hoffnungen, mit Ungeduld und mit Vertrauen. Alles war da, alles ließ mich innerlich wachsen und füllte meinen Rucksack mit Erfahrungen. Viele dieser Erfahrungen sind in dieses Buch miteingeflossen.

Wenn du dieses Buch in den Händen hältst, bist du bereit für eine Veränderung in deinem Leben. Denn ich habe es geschrieben, um dich dabei zu begleiten.

Es gibt viele Arten von Neuanfängen. Und ich bin sicher, auch du hast bereits viel Erfahrung darin. Vielleicht lebst du in einer Partnerschaft, die frischen Wind braucht. Oder du bist Single und wünschst dir endlich einmal einen Partner, der zu dir passt. Es mag sein, dass du nicht mehr glücklich bist in deinem Beruf und nun endlich deine Berufung leben willst. Vielleicht hast du Kinder, die bald flügge werden, und du hast keine Ahnung, wie es danach weitergeht. In solchen Momenten haben wir das Gefühl, in einer Sackgasse gelandet zu sein. Tief in uns wissen wir aber: *Das war noch nicht alles. Da gibt es noch mehr.* Und das ist tatsächlich so.

Jeder hat die Freiheit, sich zu ändern und neu zu beginnen, in jedem Moment, an jedem Ort und zu jedem Zeitpunkt des Lebens.

Ich möchte dich dabei unterstützen, dieses Abenteuer einzugehen und dich auf den Weg zu machen. Egal, ob du den Neuanfang aus eigenem Leidensdruck selbst gewählt hast oder ob er von außen auf dich zugekommen ist – das Wichtige ist, dass du dein Leben in die Hand nimmst und diese Chance nutzt, das Leben mitzugestalten.

Ich möchte dich nicht belehren und dir nicht die Welt erklären. Ich sehe dich als Experten mit vielen Erfahrungen aus Büchern, deiner Bildung und deinem bisherigen Leben. Ich lade dich ein, die Inhalte in diesem Buch mit deinen eigenen Erfahrungen und deinem Wissen abzugleichen. Was ich dir geben kann, ist gelebtes Wissen, hilfreiche

Übungen und persönliche Erfahrungen von mir und Menschen aus meinem beruflichen Umfeld.

All das soll dich in deinem eigenen Prozess unterstützen, indem du dir deine eigenen Gedanken dazu machen und deine eigenen weiterführenden Schritte ableiten kannst. Mein Wunsch für dich ist, dass du am Ende bestärkt und zuversichtlich den Weg in deinen Neubeginn beschreitest und deine Herzenswünsche leben kannst.

Der selbstbestimmte Neubeginn

Neuanfänge gehören zum Leben wie die Sonne, der Mond und die Sterne, die jeden Tag auf- und wieder untergehen. Alles, was wir erleben, hat einen Anfang, eine Mitte und ein Ende. Jedes Jahr, jeder Tag, jeder Atemzug. Der persönliche Neubeginn ist eine Zeit der Lebendigkeit. Während Routine uns eher schläfrig macht, sind wir im Umbruch hellwach. Wir sind intensiv im Kontakt mit uns selbst und stellen uns Fragen wie:

- Wie will ich leben?
- Was will ich in diesem Leben erreichen?
- Was will ich loslassen?
- Wo will ich etwas Neues anfangen?

Wenn wir uns auf das Abenteuer eines Neubeginns einlassen, so machen wir uns immer auch auf eine Reise zu uns selbst.

Der Neuanfang birgt dabei einerseits ein hohes Potenzial für die eigene Selbstentfaltung, und andererseits ist es eine Zeit der Unsicherheit. In einer Meditation habe ich einmal ein Bild erhalten, das gut zu dieser Situation passt. Stell dir vor, vor dir stehen zwei Stühle: der alte, bekannte und der neue, unbekannte. Der alte Stuhl passt nicht mehr, und vom neuen Stuhl weißt du noch nicht, wie er sich anfühlt. Das heißt, du kannst hoffen und vertrauen, dass es gut kommt, aber wissen tust du es erst, wenn du da bist. Viele Menschen bleiben auf dem alten Stuhl sitzen und warten auf den Moment, an dem sie wirklich sicher sind, dass das Neue gelingen wird und schon ganz genau wissen, wie es auf dem neuen Stuhl sein wird. Diese Menschen bleiben nach meiner Erfahrung „hängen" und werden den Schritt nicht wagen. Ihnen fehlt der Mut, sich der Unsicherheit zu stellen, die natürlicherweise zu jedem Neubeginn dazugehört.

Während deines Neubeginns werden immer auch Befürchtungen und Zweifel wachgerufen. Das ist normal, du kannst es einfach als Teil deiner Entwicklung ansehen. Vielleicht hast du dich gefragt, warum diese negativen Gefühle aufkommen. Es geschieht immer, wenn wir uns in einem Prozess befinden, in dem wir über unsere Grenzen hinauswachsen. Das ist zwar unangenehm, aber es ist ein Fakt, der sich nicht ignorieren lässt. Je umfassender der Neubeginn ist, desto größer sind die unbewussten Befürchtungen, die auftreten können. Doch wisse:

Eine Befürchtung ist ein Gefühl,
und Gefühle lassen sich verändern.

Eine Möglichkeit ist die Zwei-Punkte-Technik des Matrixens, die ich dir später noch vorstellen werde.

Neuanfänge müssen übrigens nicht schwierig sein, sie können auch Spaß machen! Es braucht die Bereitschaft, sich selbst genauer zu beobachten und die Entscheidung zu treffen, den Neubeginn wirklich zu tun – es zu wagen. Ich lade dich ein, in deiner jetzigen Situation deine Herzenswünsche auszugraben und sie schrittweise zu erfüllen. Dazu brauchst du Mut, Selbstvertrauen und einen klaren Willen.

Vielleicht denkst du: *Das hört sich gut an, aber das sind nicht gerade meine Stärken.* Diese Stärken zu entwickeln ist genau das, wobei ich dich in diesem Buch unterstützen möchte. Keine dieser Fähigkeiten kommt von allein. Man baut sie auf. Einige davon hast du im Verlauf deines bisherigen Lebens schon entwickelt, oder du konntest sie dir von deinen Eltern und der Umwelt abschauen. Diese Fähigkeiten sind ein Schatz, den du in deinem Neuanfang als Ressource mitnimmst. Andere Fähigkeiten kannst du dir Schritt für Schritt in deinem Tempo aneignen.

Ein Neubeginn besteht aus zwei entscheidenden Phasen. Da ist einmal eine innere stabile Basis, die ich das „positive Ich-Gefühl" nenne, und da ist weiterhin die Selbstentfaltung, in der wir unsere Herzenswünsche entdecken und leben.

Haben wir in der Vergangenheit schlechte Erfahrungen gemacht oder tragen wir viele Ängste in uns, so ist die innere Stabilität noch zu brüchig, um dem Neuanfang freudig zu folgen. Wir krebsen zurück und bleiben im Alten hängen. Dies geschieht sogar dann, wenn wir wissen, dass uns das Alte nicht mehr gut tut. Das muss nicht sein! Wenn wir ein stabiles positives Ich-Gefühl haben, gelingt jede Veränderung leichter.

Der Aufbau des positiven Ich-Gefühls besteht aus einem Fundament aus Vertrauen, Selbstsicherheit, Zuversicht und einer Verbindung mit der Seelenebene. Das positive Ich-Gefühl stärkt unser Selbstvertrauen und die Herzenskraft. Alles in allem ist es ein Gefühl von innerer Stabilität und Positivität. Dies ermöglicht ein grundlegendes Vertrauen in sich selbst und in das Leben. Diese Basis zu schaffen, ist ein Prozess.

Sobald die innere, stabile Basis mit dem positiven Ich-Gefühl erst einmal gelegt ist, wird es einfacher, die richtigen Entscheidungen zu treffen und einschränkende Glaubensmuster loszulassen. Damit hast du die Kraft, auch tief sitzenden emotionalen Ballast zu transformieren und eine dauerhafte Veränderung herbeizuführen. Auf diese Weise kannst du dein Potenzial schrittweise entfalten und findest damit immer mehr deinen ganz persönlichen Platz im Leben.

Die zwölf Lebensbereiche

Um den Neubeginn fassbarer werden zu lassen, habe ich eine Einteilung in zwölf Lebensbereiche entwickelt. Diese soll dir helfen zu erkennen,

- wo im Neubeginn du gerade stehst,
- welche Bereiche dieser Neubeginn berührt und
- wo du schon über Ressourcen verfügst, die du für deinen Neubeginn nutzen kannst.

Die Darstellung der zwölf Lebensbereiche kannst du dir vorstellen wie einen Apfelbaum. Die Wurzeln und der Stamm bilden das Fundament des positiven Ich-Gefühls, die Krone symbolisiert die zwölf Lebensbereiche, die Blüten und Äpfel sind die realisierten Wünsche, die in deinem Leben Früchte tragen. Ist ein Baum schwach oder krank, wird er in diesem Jahr keine Früchte tragen. Er braucht all seine Kraft, um sich selbst zu stabilisieren und zu regenerieren.

Im übertragenen Sinn ist diese Stabilität und Kraft unser positives Ich-Gefühl. Es bildet die Basis jeder positiven Veränderung. Ist dieses Gefühl schwach, so haben wir nicht genug Energie, um die Früchte unseres Lebens entwickeln zu können. Die Selbstentfaltung kann nur dann stattfinden, wenn das positive Ich-Gefühl gut verwurzelt ist. Jede Veränderung bringt Unsicherheit und damit eine Destabilisierung des Baumes mit sich. Das positive Ich-Gefühl wird dir dabei helfen, diese Unsicherheit auszuhalten und im Vertrauen einen Schritt nach dem anderen zu tun – bis du am Ziel bist!

Die zwölf Lebensbereiche sind in vier übergeordnete Gruppen eingeteilt, die thematisch miteinander verwandt sind:

1. Partnerschaft – Familie – Kontakte
2. Beruf – Berufung – Finanzen
3. Selbstausdruck – Kreativität – Selbstverwirklichung
4. Fitness – Erholung – Wohlbefinden

Schauen wir uns diese Bereiche gemeinsam an:

Partnerschaft – Familie – Kontakte

Beziehungen prägen tagtäglich unser Leben. Der Mensch ist ein Beziehungswesen und sucht den Austausch mit anderen Menschen. Nichts macht uns so viel Freude wie unsere Beziehungen, und nichts kann uns gleichzeitig so viel Leid zufügen. Beziehungen zu leben heißt, ein Leben lang bereit zu sein zu lernen. Jeder Mensch in unserem Umfeld trägt zu diesem Lernen bei und ist damit ein wichtiger Bestandteil unserer Wachstumsmöglichkeiten. In Beziehungen lernen wir einerseits, uns zurückzunehmen, und andererseits, für unsere Bedürfnisse einzustehen. Beides ist wichtig – vor allem im Bezug auf einen Neubeginn. Wir haben nicht nur Beziehungen zu Menschen, sondern auch zu Tieren, zur Natur, zu dem Haus, in dem wir leben, zur Straße, in der wir wohnen, und vielem mehr. Im Grunde ist alles, wozu ich eine emotionale Verbindung eingehe, eine Art von Beziehung. Meine Kleider, mein Geld, meine Möbel, der Himmel über mir, die Sonne und so weiter. Wir stehen ständig im Austausch mit der gesamten Umgebung und dieser Austausch wird von

Abbildung 1: Der Lebensbaum

unseren Gefühlen gesteuert, die wir dazu haben. Der Philosoph und Psychoanalytiker Paul Watzlawick formulierte dazu das Axiom: „Man kann nicht nicht kommunizieren“ und betonte damit, dass Kommunikation auch ohne Worte geschieht. Beziehung *ist* Kommunikation. Wie ich mich kleide, welche Art von Verkehrsmittel ich benutze, was ich esse, wie ich spreche – alles kennzeichnet meine Art von Beziehung zum Leben. Und jede Art hat ihre Schönheiten und ihre Herausforderungen.

Beispiele für einen Neubeginn im Bereich Partnerschaft – Familie – Kontakte

- Meinen Seelenpartner finden
- Eine neue Beziehung zu meinem Partner respektvoll leben
- Die Beziehung zu meinen Eltern, Kindern, Nachbarn, Geschäftspartnern oder Arbeitskollegen harmonisieren
- Die Beziehung zu mir selbst stärken
- Die Beziehung zu meinem Haus, meinem Hund, meiner Katze harmonisieren
- Mich von einem Menschen in Frieden abgrenzen können
- Mehr Harmonie in die bestehende Partnerschaft bringen
- Eine Beziehung beenden
- Pubertierende Kinder loslassen
- Einen Kinderwunsch realisieren
- Eine Schwangerschaft mit Positivität unterstützen
- Eine Fehlgeburt oder eine Abtreibung liebevoll loslassen

Wenn du einzelne Bereiche bereits erfolgreich in dein Leben integrieren konntest, hast du dir Ressourcen geschaffen, auf die du zurückgreifen kannst. Ressourcen sind positive Gefühle, positive Gedanken und eine optimistische Körperhaltung.

Positive Gefühle geben uns Auftrieb, zum Beispiel Freude, Glück, Vertrauen in meine Fähigkeiten, Vertrauen in die Welt.

Positive Gedanken sind Prägungen und Glaubensmuster, die uns in unseren Zielen unterstützen. Zum Beispiel: *Ich kann das, ich schaffe das, ich bin in der Lage, mit dem Thema umzugehen und eine Lösung zu finden.*

Eine optimistische Körperhaltung stellt sich automatisch ein, wenn wir positiv denken und gute Gefühle haben.

Ressourcen sind Bereiche, in denen wir diese positive Grundeinstellung durch positive Erfahrungen in der Vergangenheit bereits entwickelt haben. Wenn wir uns unserer Ressourcen in einem oder mehreren Lebensbereichen bewusst werden und sie nutzen, dann wirkt sich diese Positivität auch günstig auf die anderen Bereiche aus.

Beruf – Berufung – Finanzen

Diese drei Lebensbereiche werden traditionell der Männerwelt zugesprochen. Diese Prägung reicht bis tief in die Geschichte unserer Zivilisation zurück und hinterlässt deshalb immer noch ihre Spuren. In manchen Kreisen ist es immer noch nicht selbstverständlich, dass eine Frau mehr verdienen kann als der Ehemann oder dass sie trotz der Kinder ihre Berufung leben will. Aus diesem Grund fällt es Frauen oft schwer, für ihre Berufung und ihre finanzielle Unabhängigkeit einzustehen. Auch Männer üben oft nicht den Beruf aus, zu dem sie sich berufen fühlen, sondern einen, der das Einkommen ihrer Familie sicherstellen kann. Auch dies ist eine Prägung aus unserer Geschichte mit dem Mann in der Rolle des Ernährers und Oberhaupts der Familie. Aus solchen Prägungen entsteht viel unnötiges Leid, denn die Gegenwart ist anders als die Vergangenheit und braucht manchmal neue, andere Denkinhalte. Folgen wir unseren unbewussten Prägungen und passen diese aber nicht mehr zu unserer jetzigen Situation, so fühlt es sich an wie eine zu enge Korsage, in der wir uns nicht mehr richtig bewegen können. Fühlt sich zum Beispiel der eigene Beruf so an, dann ist es Zeit, ihn zu überdenken. Ob Mann oder Frau, seiner Berufung zu folgen hat einen hohen spirituellen Aspekt, denn es ist eine wichtige

Möglichkeit, um sich hier auf der Welt selbst zu verwirklichen und damit glücklicher zu werden.

Beispiele für einen Neubeginn im Bereich Beruf – Berufung – Finanzen

- Die Freude an meinem Beruf wiederfinden
- Finanziell unabhängig werden
- Meine Berufung finden und leben
- Den Schritt in die Selbstständigkeit wagen
- Klarheit im Beruf erlangen (was will ich eigentlich?)
- Ein Projekt erfolgreich über die Bühne bringen
- Sich für einen neuen Beruf entscheiden können
- Fülle annehmen und halten können
- Meine Einstellung zu Geld positiv verändern
- Genügend Geld verdienen, um meine Wünsche realisieren zu können

Selbstausdruck – Kreativität – Selbstverwirklichung

Jeder von uns wünscht sich Momente des freudigen Tuns, in denen wir nicht viel denken müssen, sondern stattdessen ganz im Jetzt sind und mit uns selbst im Kontakt. Dieser Fluss aus Freude stellt sich ein, wenn wir einer Tätigkeit nachgehen, die uns leichtfällt und für die wir großes Interesse hegen. Dann steht die Zeit still und wir sind glücklich im Tun. Selbstverwirklichung entsteht zum Beispiel dann, wenn ich einem Beruf nachgehe, der meiner Begabung entspricht. Denn dann fällt es mir leicht zu arbeiten und macht mir Freude. Es muss aber nicht zwingend der Beruf sein: Auch ein Hobby oder eine eigene Familie kann uns dieses Glück erleben lassen. Manchmal wissen wir nicht so recht, wo unsere Begabung liegt. Dann haben wir die schöne Aufgabe, dies herauszufinden. Wenn ich Kindern im Kindergartenalter zuschaue, wie sie sich für ein Spiel entscheiden, so ist das ein freudiger und leichter Prozess. Sie folgen, ohne nachzudenken, ihrer Begeisterung. Wenn sie nach einigen Minuten merken, dass es doch nicht der richtige Spielort ist, dann gehen sie mit ebenso großer Freude weiter zu einer anderen Spielgelegenheit. Das tun sie so lange, bis sie am richtigen Ort sind. Wir Erwachsene haben die Tendenz entwickelt, zu sehr über Optionen zu grübeln und verpassen so manch spannende Erfahrung: Viel zu schnell fragen wir uns, wo eine Option hinführt, was sie uns kostet, wie viel Zeit sie in Anspruch nehmen wird und auf welche andere Option wir dafür verzichten müssten... Vergleichen wir dieses Vorgehen mit dem eines kleinen Kindes, so wird sichtbar, dass der Preis, den wir dafür zahlen, die Begeisterung ist. Uns fehlt in diesem Fall die Spontaneität, das Leben im Moment, das Sich-einfach-auf-etwas-Einlassen und sich darin vertiefen, ohne sich zu fragen, ob es Sinn macht oder ob es mir einen entsprechenden Nutzen bringen wird. Um herauszufinden, wo meine Begeisterung und damit meine Begabung liegen, brauche ich diese Erfahrungen vom Leben im Moment. Der Glücksforscher Mihály Csíkszentmihályi hat dafür den Begriff *Flow* eingeführt. Der Flow-Zustand bringt uns wieder in Kontakt mit unserem Innenleben. Dieser Kontakt ermöglicht uns, herauszufinden, was wir im Leben tun wollen. Deshalb sollten Kreativität und das Streben nach dem Flow einen festen Platz im Leben eines jeden Menschen haben.

Alle Menschen sind von Grund auf kreative Wesen. Einige pflegen diese Ader seit der Kindheit, und bei anderen wurde sie mit den Jahren verschüttet. Kreativ zu sein heißt glücklich zu sein, und das ist es, was sich jeder wünscht.

Deshalb rate ich dir, dich auf irgendeine Art kreativ zu betätigen – wenn du es nicht schon tust. Denn in der Kreativität findest du die Spontaneität und Lebensfreude, die dein Leben reich machen und dir ermöglichen, deinen Selbstausdruck zu finden. Damit kannst du deinen ganz eigenen Wesenskern entdecken und ihn in andere Bereiche deines Lebens einfließen lassen. In meiner Ausbildung zur Kunsttherapeutin habe ich schon bald realisiert, dass beim Malen jeder Mensch seine eigene Energie aufs Blatt bringt. Je besser wir unsere eigene Energie kennenlernen, desto einfacher ist es, den Platz zu finden, an dem wir uns im Leben zu Hause fühlen.

Beispiele für einen Neubeginn im Bereich Selbstausdruck – Kreativität – Selbstverwirklichung

- Mehr ich selbst sein können
- Meinen persönlichen Ausdruck im Leben finden
- Meine ganz persönliche Energie kennenlernen
- Mich trauen, meinen eigenen Weg zu gehen
- Mich trauen, meine Meinung zu sagen
- Meine Fähigkeiten im Bereich... verbessern
- Die Verbindung zu meiner Seele stärken
- Ängste loslassen (generelle und spezifische)
- Mehr Selbstvertrauen erlangen, meine Selbstsicherheit stärken und leben lernen
- Die Türen zum Glück aufstoßen
- Mehr Lebensfreude und Humor in mein Leben bringen

Fitness – Erholung – Wohlbefinden

Bei diesen drei Lebensbereichen spreche ich bewusst nicht von Gesundheit und Krankheit. In meinen zehn Jahren Spitalarbeit habe ich erkannt, dass es für eine Heilung nicht hilfreich ist, sich über den eigenen Gesundheitszustand zu definieren. Niemand ist *nur* gesund, und niemand ist *nur* krank. Diese Begriffe sind so absolut, dass sie Druck auslösen können. Immer „gesund" und damit leistungsfähig sein zu müssen ist ein Druck, der auf vielen Menschen lastet. Sie fühlen sich zu Unrecht schuldig, wenn sie ihre „Gesundheit" nicht dauerhaft und zu 100 Prozent aufrechterhalten können. Ein menschlicher Körper ist bekanntlich keine Maschine, sondern ein lebendiges Prinzip. Er braucht von Zeit zu Zeit Erholung für die eigene Regeneration. Perfektion gibt es da nicht. Ständig wird in unseren Zellen etwas verändert, umgebaut und neu gebildet. Sogenannte Phasen der „Krankheit“ sind ein Teil davon. Für die Heilung ist es wichtig zu unterscheiden, dass der betreffende Mensch nicht „krank“ ist, sondern vorübergehend eine „Krankheit“ hat.

Als Krankenschwester habe ich einmal einen Patienten mit einer Blinddarmoperation gepflegt, der sich unglaublich krank fühlte, und im nächsten Zimmer lag ein anderer Patient mit einer Krebsdiagnose, der sich nicht krank fühlte. In jener Zeit habe ich realisiert: Wie sich jemand fühlt, hat einen kraftvollen Einfluss auf seine Heilung! Aus diesem Grund tauchen die Begriffe „gesund“ und „krank“ in diesem Buch nicht auf.

Ein weiterer wichtiger Punkt, um unsere Herzenswünsche zu realisieren, ist es, eine grundsätzliche Fitness unseres Körpers zu erlangen. Wer seinen Körper von Zeit zu Zeit fordert und damit seine Muskeln angemessen trainiert, besitzt auch auf mentaler Ebene mehr Durchsetzungskraft. Diesen Willen können wir für unseren Neubeginn gut gebrauchen.

Beispiele für einen Neubeginn im Bereich Fitness – Erholung – Wohlbefinden

- Meinen Energiefluss durch Meditation, Yoga und ähnliches erhöhen
- Mit einem neuen Hobby starten
- Körperliche Beschwerden lindern
- Meine Ernährungsgewohnheiten verändern
- Eine grundsätzliche Fitness meines Körpers aufbauen
- Meinen Durchhaltewillen trainieren
- Mehr Zeit ohne Computer, Handy und ähnliches verbringen
- Mehr Zeit für mich

Übung zur Einschätzung deiner eigenen Lebenssituation

Die folgende Übung hilft dir dabei, das Wissen um die 12 Lebensbereiche für deinen Neubeginn zu nutzen. Sie besteht aus zwei Teilen. Im ersten Teil geht es darum, deinen Neubeginn richtig einzuordnen. Dies hilft dir, Klarheit über den Einflussbereich deines Neubeginns zu erhalten: Du kannst genau erkennen, wo die Unklarheiten verborgen sind und wo deine vorhandenen Ressourcen liegen. Im zweiten Teil werden die Ressourcen in einer kurzen Meditation verstärkt. Die positive Energie, die dabei entsteht, wird in die Lebensbereiche übergeleitet, die noch Unterstützung brauchen. Damit tankst du Kraft für deine Veränderungen und stellst eine innere Harmonie zwischen allen Lebensbereichen her.

Dazu ein Beispiel: Wenn jemand viele Freunde hat, auf die er sich verlassen kann, dann ist das eine Ressource. Wenn dieser Mensch aber Mühe hat, genügend Geld zu generieren, um seine Lebenswünsche zu verwirklichen, dann hat der Bereich Finanzen zu wenig positive Energie. In der Meditation kann er die positive Energie des Beziehungsbereichs in den Bereich Finanzen hineinfließen lassen.

Teil 1: Einschätzung der Lebensbereiche

1. Lies dir die Liste mit den zwölf Lebensbereichen noch einmal durch und überlege, wo dein Neubeginn am ehesten hineinpasst. Notiere dir den Hauptlebensbereich auf einem Blatt Papier.
2. Dann überlege, welche Bereiche deinen Neubeginn auch noch berühren. Du wirst sehen, dass ein Neubeginn immer mehrere Ebenen beeinflusst.
3. Sieh dir auch Lebensbereiche an, in denen du bereits viel erreicht hast. In diesen Bereichen fällt es dir leicht, dich zu entwickeln, und

sie vermitteln dir ein gutes Gefühl, wenn du daran denkst. Notiere dir diese Bereiche, in denen du auf vorhandene Ressourcen und positive Gefühle und Erfahrungen zurückgreifen kannst.

Teil 2: Meditation zur Stärkung der Lebensbereiche

1. Schließe die Augen und genieße das Gefühl der Dankbarkeit für den Bereich deines Lebens, in dem du bereits eine Ressource hast. Spüre der Resonanz darauf in deinem Herzen nach.
2. Spüre diese Kraft, die dir in dem unterstützenden Lebensbereich zur Verfügung steht. Stelle dir vor, wie die Kraft in die schwächeren Bereiche fließt und sie mit positiver Energie versorgt. (Du kannst dir auch ein weißes Licht vorstellen, das von einem Wort zum anderen fließt und es aufhellt.)
3. Spüre die Harmonie, die sich dabei einstellt, und öffne langsam wieder die Augen.

Wünschen ist nicht gleich wünschen

Wie erkennen wir unsere Herzenswünsche? Kinder wissen darauf sofort eine Antwort. Wieso? Weil sie die Herzenswünsche fühlen und nicht darüber nachdenken, ob sie auch realisierbar sind. Sie leben im Moment und haben daher mehr Zugang zu ihrer Kreativität und Fantasie. Viele Menschen haben durch negative Prägungen aus der Vergangenheit, wie zum Beispiel Enttäuschungen, den Kontakt zu ihren wirklichen Herzenswünschen verloren. Oder sie haben im Laufe ihres Lebens gelernt, sich anzupassen. Unbewusst leben sie nach den Erwartungen der anderen, denn so ernten sie das Lob und das Wohlwollen ihrer Umwelt. Sie versuchen, nicht anzuecken, denn dann könnte ihnen das Wohlwollen ja entzogen werden. Wie wir alle sicher schon erlebt haben, tut das weh. Ein guter Mitmensch sein zu wollen, ist ein frommer Wunsch - sich so weit anzupassen, dass wir dabei uns selbst verlieren, ist zu viel des Guten. Insgeheim spüren wir, dass dieses Leben, so wie es im Moment ist, nicht alles sein kann, und wollen zurück zu unseren Herzenswünschen. Wenn wir uns auf den Weg des Wünschens machen, so merken wir allerdings, dass dies manchmal gar nicht so einfach ist, denn auch die Wünsche, die wir als Kind hatten, erfüllten sich nicht von alleine. Wie also finden wir zu unseren Herzenswünschen zurück? Richtig wünschen zu können, ist eine Kunst. Und diese folgt – wie alle Künste –bestimmten Regeln. Im Folgenden findest du Hinweise darauf, wieso es mit deinem Wünschen manchmal nicht klappt und woran das liegen könnte.

Von kleinen und großen Wünschen

Geht es um „kleine" Dinge, wie zum Beispiel sich in Gedanken einen Parkplatz freizuhalten oder einen guten Platz im Kino zu ergattern, klappt es bei vielen Menschen wunderbar mit dem Wünschen. Bei großen Wünschen – den Seelenpartner zu finden, von der Selbstständigkeit leben zu können oder eine Million im Lotto zu gewinnen – ist es auf einmal schwieriger. Dafür gibt es einen Grund. Große Wünsche erzeugen mehr Druck. Druck entsteht, wenn ein unbewusster Teil von uns nicht mit dem Wunsch einverstanden ist. In Bezug auf den Lottogewinn kann das zum Beispiel ein alter Glaubenssatz aus der Familie sein: „Das Geld wächst nicht auf den Bäumen" oder „Wer reich werden will, muss hart dafür arbeiten". Solche unbewussten Prägungen können verhindern, dass wir zu viel Geld kommen. Wenn ich mir also viel Geld wünsche und in meinem Unterbewusstsein solche Glaubensmuster vorhanden sind, dann entsteht ein Interessenskonflikt zwischen meinem bewussten Wünschen und dem, was meine (selbst) gemachten oder (von anderen) übernommenen Erfahrungen sind. Das löst Druck aus. Je größer ein Wunsch, desto mehr muss sich im Unterbewusstsein verändern, damit sich dieser Wunsch erfüllen kann.

Das Unterbewusstsein ist der Speicherort all unserer Erfahrungen und Überzeugungen, zu denen wir im Laufe des Lebens gekommen sind. Natürlich tummeln sich da neben positiven Gefühlen auch viele Ängste und Befürchtungen herum. Das Unterbewusstsein möchte am liebsten an allem festhalten, denn es hält jede Erfahrung für wichtig. Es unterscheidet nicht zwischen nützlichen Eigenschaften und hinderlichen. Es geht auf Nummer sicher, indem es am bisherigen Kurs festhält. Wäre das Unterbewusstsein ein Politiker, wäre es ganz bestimmt auf der konservativen Seite zu finden. Seine bewahrende Art ermöglicht uns, auf unsere Erfahrungen zurückzugreifen. Sie stehen uns als Automatismen des Unterbewusstseins zur Verfügung. Das ist der Grund, wieso wir zum Beispiel gleich wieder Fahrrad fahren können, auch wenn wir jahrelang nicht gefahren sind. Sprachen lernen, Schuhe binden, wissen, was ich bei der Arbeit zu tun habe und vieles mehr wäre ohne das Sammeln und Speichern aller Informationen im Unterbewusstsein nicht möglich. Gerade weil seine Funktion so wichtig ist für unser Leben, ist es natürlich nicht so einfach, das Unterbewusstsein davon zu überzeugen, dass nun eine Veränderung ratsam und sehr hilfreich wäre und dass es damit an der Zeit ist, etwas Bestimmtes loszulassen: zum Beispiel einen Zweifel, der uns daran hindert, unsere Wünsche zu leben.

In diesem Buch werde ich dir Möglichkeiten aufzeigen, wie du dein Unterbewusstsein dazu bringen kannst, solche Ängste, Befürchtungen und auch Zweifel loszulassen.

Die drei Arten, sich etwas zu wünschen

Ein anderer Grund, weshalb sich Wünsche manchmal nicht erfüllen, besteht darin, dass wir nicht auf die Energie achten, mit der wir uns etwas wünschen. Aus energetischer Sicht ist es wichtig, zwischen Kopfwünschen, emotionalen Wünschen und Herzenswünschen unterscheiden zu lernen.

Ich habe mich in meiner Vergangenheit intensiv auf das Thema Wünschen eingelassen und dabei festgestellt, dass nicht jede Art des Wünschens positive Resultate erzielt. Deshalb ist es gut, die drei Arten des Wünschens zu kennen und sie voneinander unterscheiden zu können.

Der Kopfwunsch: Kopfwünsche haben etwas von einer Checkliste. Solchen Wünschen fehlt die nötige Tiefe. Es ist nicht leicht, sie in unser Leben einzubringen, denn wir verschieben sie gern auf morgen. Kopfwünsche lauten häufig so:

- *Es wäre noch gut, wenn...*
- *Ich sollte schon lange mal...*
- *Ich fühle mich sicher besser, wenn... erfüllt ist.*

Der emotionale Wunsch: Wenn ein Wunsch sehr viele Emotionen in sich trägt, wollen wir zu viel. Dann möchten wir das gewünschte Resultat erzwingen. Dabei entsteht ein starker emotionaler Druck. Der Druck manifestiert sich als Dringlichkeit, Ungeduld und Wichtigkeit. Der Wünschende will sein Schicksal erzwingen und macht sich gleichzeitig zum Opfer der Umstände. *Wenn das Universum mir nicht gibt, was mir zusteht, dann bin ich sehr enttäuscht.*

Aber das ist die Haltung eines Bettlers und nicht eines selbstbewussten Menschen. Wir alle fallen von Zeit zu Zeit in dieses kleinkindliche Muster des Bettelns hinein. Es ist, als wären du und der Wunsch zwei gegensätzliche Pole. Es entsteht ein Abstand und egal, was du tust: Die Erfüllung deines Wunsches bleibt aufgrund der hohen Emotionalität außer Reichweite.

Emotionale Wünsche hören sich so an:

- *Ich will, dass er mich jetzt anruft, nicht in einer Stunde, nicht morgen, sondern jetzt sofort!*
- *Ich kann keinen Tag länger hier arbeiten, es muss umgehend eine neue Stelle her, damit ich hier wegkomme!*
- *Ich habe so viele Lottoscheine ausgefüllt, deshalb ist es nur fair, wenn ich nun auch mal gewinne. Ich muss also gewinnen, sonst ist das Universum nicht fair zu mir!*

Der Herzenswunsch: Ein Herzenswunsch fühlt sich an wie eine laue, duftende Frühlingsbrise. Er macht das Herz weit, hell und leicht. Er ist getragen von Glück und zaubert uns ein Lächeln aufs Gesicht, wenn wir an ihn denken. Der Herzenswunsch ist energetisch viel feiner als die zwingende Energie eines emotionalen Wunsches.

Nicht selten wird der Herzenswunsch von Zweifeln und Unsicherheiten überlagert, da er außerhalb unserer Komfortzone liegt. Der Herzenswunsch ist unser wahres Wachstumspotenzial und deshalb trauen wir ihn uns oft nicht zu. Das sagen uns Formulierungen wie:

- *Ich würde ja gerne, aber...*
- *Hätte ich doch nur..., dann wäre ich heute...*
- *Wenn das Leben nicht so wäre, wie es ist, dann...*

Für den Herzenswunsch gilt es, mutig zu sein. Nur so gelingt es, einen Weg zu finden, den Wunsch zu leben. Auch wenn es kleine Schritte sind, die du gehst: Wichtig ist, dass du sie gehst.

Es gibt in diesem Leben nichts Wichtigeres als das Erfüllen unserer tiefen Herzenswünsche.

Nur so können wir am Ende unserer Tage sagen, dass es sich zu leben gelohnt hat. Deshalb ist es entscheidend für unser Glück, unseren Herzenswünschen Gewicht zu geben.

Natürlich haben wir immer mehrere Wünsche gleichzeitig. Es besteht also die Gefahr, sich zu verzetteln. Oft ist es in der Hektik des Alltags nicht einfach zu spüren, ob es sich bei einem Wunsch um einen Herzenswunsch handelt oder nicht. Eine gute Möglichkeit, um seine Intuition zu trainieren und immer deutlicher herauszufinden, ob es sich um einen Herzenswunsch handelt oder nicht, besteht darin, verschiedene Varianten zu testen. Dazu dient die folgende Übung.

Übung: Entscheidungshilfe über den Herzraum

Mit diesem Vorgehen kannst du über die sogenannte Herzintelligenz Entscheidungen treffen. Fragst du dich zum Beispiel, ob du auswandern sollst oder nicht, so findest du damit heraus, ob du noch am richtigen Ort bist oder ob dein Herzenswunsch auf einen Neuanfang in einem anderen Land schließen lässt. Dazu schreibst du zum Beispiel drei Zettel mit Stichworten wie die hier beschriebenen und testest diese über deine Herzintelligenz aus:

- Hier bleiben
- Auswanderung jetzt umsetzen
- Noch warten und später auswandern

Und so gehst du dabei vor:

- Schreibe die drei Varianten jeweils auf einen kleinen Zettel. Diese werden dann so gefaltet, dass sie von außen identisch sind. Dann mische sie gut.

- Atme ein paar Mal nacheinander tief ein und aus, bis du dich ruhig fühlst.
- Nun halte nacheinander jeden der Zettel auf Herzhöhe an deine Brust. Mit Herz meine ich immer das energetische Zentrum in der Mitte deiner Brust und nicht dein physisches Herz. Dieses Zentrum kannst du leicht fühlen: Lächle mal vor dich hin und spüre die Resonanz in der Mitte deines Brustraums. Das ist dein energetisches Herzzentrum. Lass nun die Energie des Wunschzettels in dein Herz fließen und nimm wahr, wie es sich anfühlt. Konzentriere dich dabei ganz bewusst auf das Fühlen des Zettels und nicht auf das Denken.

Qualitäten, die dir von diesem Wunsch abraten, sind zum Beispiel:

- Es wird eng.
- Es gibt Druck.
- Es fühlt sich nicht richtig an.
- Es erzeugt eine unangenehme Unruhe in mir.
- Ich fühle mich energetisch abgeschnitten.

Qualitäten, die auf einen echten Herzenswunsch hinweisen, können sein:

- Es wird weit.
- Es wird frei.
- Es wird leicht.
- Es fühlt sich richtig an.
- Es erzeugt ein Gefühl von Freude.
- Eine freudige innere Ruhe entsteht durch den Wunsch, damit zu beginnen.
- Ich fühle mich wohl dabei.

Es ist auch eine Frage des Timings, denn Herzenswünsche haben ihre Zeit der Realisierung. Manchmal stimmt das Timing nicht. Es kann sein, dass jemand vor der Erfüllung des Wunsches noch eine ganz bestimmte Erfahrung machen muss. Erst wenn das geschehen ist, kann sich der Wunsch in seiner ganzen Fülle entfalten.

Spüren wir innerlich, dass es soweit ist, sollten wir keine Zeit verlieren und diese wunderbare Chance für einen Neuanfang nutzen. Das ist ein schöpferisches Verständnis vom Leben.

Um herauszufinden, ob das Timing stimmt, kannst du auf die beiden Ebenen des Wünschens achten.

Die beiden Ebenen des Wünschens

Wünschen findet gleichzeitig auf unterschiedlichen Ebenen statt: einer übergeordneten, langfristigen Ebene und einer untergeordneten, aktuellen Ebene. Diese Ebenen können sich gegenseitig beeinflussen. Vor allem das ständige Erfüllen aktueller Wünsche kann uns von der Erfüllung übergeordneter Wünsche abhalten. Ein Beispiel: Wenn ich den übergeordneten Wunsch habe, abzunehmen, und mir jeden aktuellen Wunsch nach Schokolade erfülle, so werde ich meinen übergeordneten Wunsch nicht erfüllen können.

Herzenswünsche sind übergeordnete Wünsche. Geben wir sie zugunsten von aktuellen Wünschen auf, dann stimmt wahrscheinlich das Timing nicht. Denn wenn es stimmen würde, wären wir bereit, auf vieles zu verzichten und auch viel zu investieren, um unseren Herzenswunsch wahr werden zu lassen.

Beispiel:
Wie ein Verzicht mich glücklich machte

Mit Anfang 30, als ich mich eben erst von meinem damaligen Mann getrennt hatte, kam ich finanziell mit meinem Gehalt als Krankenschwester gerade so über die Runden. Ich zog in eine Dreizimmerwohnung in Zürich. Ich hatte kein Geld auf der hohen Kante, aber ich hatte einen klaren Herzenswunsch: Ich wollte unbedingt Kindergärtnerin werden. Das Studium an der Pädagogischen Hochschule verlangte eine hohe Präsenzpflicht von Montag bis Freitag, fünf Tage die Woche. Ich brauchte Geld und deshalb entschloss ich mich dazu, weiterhin an den Wochenenden im Krankenhaus Nachtschichten zu leisten. Jahrelang hatte ich als stellvertretende Stationsleitung Arbeitspläne für die Mitarbeiterinnen geschrieben und wusste, dass die wenigsten Krankenschwestern gern am Wochenende arbeiten. Ich nutzte diese Chance und konnte einige der unbeliebten Wochenenddienste übernehmen. Vor allem die Nachtdienste waren praktisch, da es immer mal wieder Nächte gab, in denen nicht so viel zu tun war. In diesen Zeiten bereitete ich mich auf meine Prüfungen vor.

Die Nachtdienste allein reichten aber noch nicht, um meinen Lebensunterhalt zu bestreiten. Also zog ich mit Bett und Schrank in das kleinste Zimmer meiner Wohnung. Es war gerade mal neun Quadratmeter groß und bot nur den allernötigsten Platz. Das schöne, große Schlafzimmer schrieb ich zum Vermieten aus, und bald schon zog eine junge Frau ein, mit der ich von da an als Wohngemeinschaft zusammen lebte.

Drei Jahre waren zu überstehen, Jahre, in denen ich bereit war, für meinen Traum auf vieles zu verzichten.

Es hat sich gelohnt. Ich beendete die Ausbildung mit viel Freude, zog in eine eigene Wohnung nach Winterthur und arbeitete dort als frischgebackene Kindergärtnerin. Dieser Beruf gefiel mir um Längen besser als der der Krankenschwester. Die Arbeit mit den Kindern war erfüllend, und sie förderte meine Kreativität und Selbstbestimmung. Daraus entstand ein neuer Wunsch: Ich wollte an einer Universität studieren. Da ich den Abschluss der Pädagogischen Hochschule hatte, bot sich mir die wunderbare Gelegenheit, die Universität in Fribourg zu besuchen. Ich entschied mich für ein Masterstudium in frühkindlicher Erziehung.

Zum Einstieg musste ich eine Vorbereitung von einem Jahr an der Uni Bern absolvieren. Pädagogische Psychologie, Forschung und Statistik standen auf dem Programm. Ich blieb in dieser Zeit in Winterthur wohnen und nahm es auf mich, die nächsten vier Jahre mit dem Zug ein paarmal pro Woche nach Bern und anschließend nach Fribourg zu pendeln.

Ein Jahr vor Beendigung des Masterstudiums lernte ich Karem und das Matrixen kennen. Daraus entstand mein noch größerer Wunsch, mit ihm zusammen Menschen in ihrer persönlichen und seelischen Entwicklung zu unterstützen. Ich gab mein Studium auf und gründete gemeinsam mit Karem *Matrix Live*.

Das war eine der besten Entscheidungen meines Lebens! Heute kann ich bei Coachings und der Integralausbildung mein gesamtes Wissen und meine Erfahrung als Krankenschwester, Kindergärtnerin und aus dem Studium einfließen lassen. Mein Verzicht bescherte mir am Ende mein größtes Geschenk.

Das Timing ist also entscheidend. Nicht immer, wenn wir einen Traum haben, sind wir bereit, dafür zu kämpfen. Manchmal sind da zu viele „Wenns" und „Abers". Dann stimmt das Timing noch nicht. Wenn du nicht bereit bist zu investieren und dich zierst, dann brauchst du noch Zeit, damit sich dein Wunsch erfüllen kann.

Was, wenn es nicht klappt mit dem Herzenswunsch?

Wenn du deinen Herzenswunsch nicht realisieren kannst, schlage ich dir eine Übung vor, bei der du drei Dinge herausfinden kannst:

- Ist es ein echter Herzenswunsch?
- Ist das Timing stimmig?
- Wenn nicht, wie kann ich den Wunsch an meine jetzigen Möglichkeiten anpassen?

Übung:
Klarheit im Wünschen

1. Nimm dir Stift und Papier und schreibe in einer Liste Dinge auf, von denen du annimmst, dass du sie nicht kannst, aber gern tun würdest. (Zum Beispiel: Gleich morgen eine Weltreise starten.)
2. Nun schau dir die Liste an und überlege, ob das wirklich alles wahr ist. (Will ich die Weltreise wirklich starten?)
3. Unterscheide dabei zwischen:
   a) Dingen, die du eigentlich gar nicht willst (vielleicht willst du gar nicht auf Weltreise, dann kannst du diesen Punkt streichen) und
   b) Dingen, die du willst, aber vermeintlich nicht kannst (du kannst nicht einfach so freimachen, hast zu wenig Geld, du willst nicht alleine reisen)
4. Nun frage dich bei den Dingen, die du willst, aber vermeintlich nicht kannst:
   Lohnt es sich, das weiterzuverfolgen und gibt es einen Weg, um diese Dinge in leicht abgeänderter Variante zu gestalten? (Es muss nicht immer die zweijährige Weltreise sein. Man kann auch mal mit einem Monat starten.)
5. Zum Schluss frage dich: Was bin ich bereit zu investieren, um meinen Traum zu leben? (Sparen für die Weltreise, unbezahlten Urlaub nehmen, meinen Job künden.)

Die Rolle des Herzens

Bei jedem Neubeginn ist das Herz von zentraler Bedeutung, denn aus ihm bezieht das positive Ich-Gefühl seine Kraft. Ein Forschungszentrum, in dem intensiv am Thema Herzintelligenz gearbeitet wird, ist das HeartMath-Institute im kalifornischen Boulder Creek in den USA. Die Wissenschaftler dort haben herausgefunden, dass das elektromagnetische Feld des Herzens bis zu 5000-mal stärker ist als das des Gehirns.

Deshalb ist es so wichtig, bei einem Neubeginn nicht nur mit Gedanken, sondern auch und vor allem mit Gefühlen zu arbeiten.

Das Herz ist das direkte Tor zur Seele und damit zu deinem Potenzial. Deine Herzenskraft ist die Kraft des Löwen in dir. Sie aktiviert sich, wenn du mutig deinen Weg gehst und so deine Ziele erreichst.

Während eines Neubeginns werden wir häufig durch zweiflerische innere Dialoge, ängstliche Gedanken und negative Gefühle aus der eigenen Mitte gerissen. Wir fühlen uns wie eine Fahne im Wind. Die neu gewonnene Klarheit verschwindet immer wieder und wir wissen nicht mehr, in welche Richtung es weitergeht.

Mit dem positiven Ich-Gefühl findest du zurück zur inneren Ruhe, zu Stabilität und zum Vertrauen. Das positive Ich-Gefühl ist viel mehr als positives Denken, viel mehr, als sich „einfach gut" zu fühlen. Es beruht auf fundamentalen Prinzipien des Lebens, die es möglich machen, Herzenswünsche zu leben.

Wir stärken das positive Ich-Gefühl, um genügend Kraft für den Neubeginn zu sammeln. Eine wertvolle Möglichkeit dazu ist die Herzatmung. Die Herzatmung hat eine stabilisierende Wirkung. Die innere Ruhe, die sich bei regelmäßigem Ausführen einstellt, ermöglicht ein neues Körpergefühl, das zentriert, und damit zu mehr Selbstvertrauen und Positivität führt. Dies ist eine optimale Vorbereitung für weitere Veränderungen.

Die Herzatmung

Ein offenes und weites Herz ruht in sich selbst und hat heilende Qualitäten. Es ist die Basis des positiven Ich-Gefühls. Wann immer du dich in deinem Prozess des Neuanfangs unausgeglichen fühlst, kann dir die Herzatmung gute Dienste erweisen, um dich zu zentrieren und positiv zu energetisieren. Ich selbst nutze die Herzatmung, wenn ich nervös bin, im Wartezimmer der Zahnarztpraxis, vor einem wichtigen Gespräch oder um mich vor einem Coaching zu zentrieren. Auch von Therapeuten, die bei mir die Matrix-Ausbildung absolviert haben, weiß ich, dass sie die Herzatmung ausüben, um sich auf einen Klienten einzustimmen.

Übung:
Herzatmung

Mit einer geräuschvollen Atmung namens Ujjayi (U-tschai ausgesprochen) können wir die Länge des Ein- und Ausatmens kontrolliert steuern. Als Vorübung schlage ich dir vor, den Mund zu öffnen und so zu atmen, dass du beim Atmen ein Rauschen hörst. Wenn du deinen Mund schließt und auf die gleiche Art weiteratmest, dann kannst du das Rauschen immer noch hören. Das Geräusch scheint aus deinem Hals zu kommen. Technisch gesprochen liegt es daran, dass du dabei deine Stimmritzen enger stellst, sodass weniger Luft auf einmal durch die Stimmbänder strömen kann. (Wenn die Nase verstopft ist, kannst du die Atmung auch mit offenem Mund ausführen.) Die Augen sind am besten geschlossen, damit du dich einzig auf das Fühlen des Atems konzentrieren kannst.

Schritt 1: Goldener Lichtstrahl von oben

Einatmen

- Du nimmst einen weißen Lichtstrahl mit einem goldenen Glanz wahr, der von oben in deinen Herzraum strömt. Mit Herzraum meine ich das energetische Herzzentrum in der Mitte deiner Brust.

Ausatmen

- Beim Ausatmen verteilst du dieses Licht von deinem Herzzentrum aus in den ganzen Brustkorb und über die Grenzen deines Körpers hinaus in den Raum.

Schritt 2: Warmer roter Lichtstrahl von unten

Einatmen

- Du nimmst einen warmen roten Lichtstrahl wahr, der von der Mitte der Erde in deinen Herzraum strömt.

Ausatmen

- Beim Ausatmen verteilst du dieses Licht von deinem Herzzentrum aus in den ganzen Brustkorb und über die Grenzen deines Körpers hinaus in den Raum.

Schritt 3: Beide Lichtstrahlen gleichzeitig wahrnehmen.

Einatmen

- Du nimmst wahr, wie beide Strahlen gleichzeitig in deinen Herzraum strömen. Der helle weiße Strahl mit dem goldenen Glanz von oben und der warme rote Strahl von unten. Im Herzraum mischen sie sich.

Ausatmen

- Beim Ausatmen verteilst du diese neue schöne Mischung von deinem Herzzentrum aus in den ganzen Brustkorb und über die Grenzen deines Körpers hinaus in den Raum.

Der weiße Lichtstrahl von oben mit dem goldenen Glanz steht für Klarheit, Geisteskraft und Weisheit. Der warme rote Lichtstrahl von unten trägt eine nährende, kraftspendende und beschützende Energie in sich. Wenn sich die beiden Strahlen in unserem Herzen treffen, entsteht eine harmonisierende Mischung, die unser Denken, Fühlen und Handeln in Einklang bringt.

Jeder Mensch hat eine andere Ausgangslage für das positive Ich-Gefühl und andere Wünsche für die Selbstentfaltung. Und jeder nimmt sich dazu die Zeit, die er braucht. Finde deinen Rhythmus und deine Wege, um die Herzatmung in dein Leben einzubauen.

Mein Tipp

Du kannst die Herzatmung auch nutzen, um dir eine Entscheidung zu erleichtern. Bevor du mit den Zetteln testest, ob dein Wunsch ein Herzenswunsch ist, führe vorher ein paarmal die Herzatmung aus. Dies hilft, deine Sensitivität des Fühlens zu aktivieren und erleichtert damit das Wahrnehmen der unterschiedlichen Herzqualitäten.

Der Aufbau der inneren Welt: die drei Ebenen

Um besser verstehen zu können, warum wir einen Herzenswunsch in uns tragen und dann doch von Zweifeln geplagt zurückkrebsen, möchte ich mit dir mein Wissen über den Aufbau der inneren Welt teilen.

Im Winter 2010 wurde ich von Nikolaus Gutenberger alias Nandi Devar, einem Meister des Bewusstseins, in dieses Wissen eingeführt und staune immer noch über die Tiefe, die es in sich birgt. Das Wissen über die innere Welt, an dem ich dich in diesem Buch teilhaben lasse, beruht auf der Arbeit von Nandi Devar und meinen persönlichen Erfahrungen damit.

Eine hilfreiche Vorstellung der inneren Welt ist die Aufgliederung der drei Bewusstseinsebenen:

1. Unterbewusstsein
2. Tagesbewusstsein
3. Überbewusstsein/die Seelenebene

Jede Ebene hat ihre spezifischen Eigenheiten und gemeinsam kreieren sie unsere Realität.

Das Unterbewusstsein und seine Aufgaben

Wie ich bereits erwähnt habe, ist das Unterbewusstsein unser konservativer Verwalter aller gelebten Erfahrungen. Es ist ein unglaublich großer Speicherort, in dem alle unsere Erinnerungen, alle unsere Befürchtungen und Träume für die Zukunft und die Prägungen aus der Vergangenheit als Information vorhanden sind. Prägungen können zum Beispiel in Form von Gefühlen vorliegen oder als Gedanken und Körperwahrnehmungen.

Prägungen der Gefühle: Wenn ich als Kind eine ängstliche Mutter hatte, die sich ständig sorgte, mir könne etwas passieren, dann trage ich diese Angst in mir. Diese Angst kann mich später daran hindern, die

Welt als sicheren und wohlwollenden Ort zu erleben. Statt mich darin frei zu bewegen, wäre ich eher argwöhnisch und schnell verunsichert.

Prägungen der Körperwahrnehmung: Wenn ich als Kind eher rundlich war und deshalb gehänselt wurde, sagt mir meine Körperwahrnehmung immer noch, ich sei zu dick, auch wenn ich als Erwachsene vielleicht schlank bin. Dies kann dazu führen, dass ich mich ein Leben lang zu dick fühle, obwohl ich objektiv gesehen eine durchschnittlich schlanke Figur besitze.

Prägungen der Gedanken: Aus unseren Kindheitserfahrungen heraus haben wir Glaubensmuster ausgebildet, die uns durchs Leben begleiten können. In jedem von uns sind sowohl positive als auch negative Prägungen vorhanden. In einer Familie kann es Glaubenssätze geben, die wie selbstverständlich gelebt werden und eine große positive Kraft in sich tragen. Diese könnten zum Beispiel heißen:

- Was wir alleine nicht schaffen, das schaffen wir gemeinsam.
- Die Welt ist ein guter Ort.
- Man findet immer einen Weg, wenn man will.

Genauso gibt es negative Glaubenssätze, die uns prägen. Ein weitverbreitetes Phänomen ist, dass wir uns zu klein oder noch nicht gut genug fühlen, um etwas zu tun, was wir uns eigentlich wünschen. Dies kommt daher, dass wir als Kind oft hörten:

- Das darfst du noch nicht tun, dazu bist du noch zu klein.

Dieser Satz hat sich bei vielen Menschen tief eingeprägt und sie glauben ihn immer noch, auch wenn sie bereits erwachsen sind. Hast du dir schon mal Tomatenspaghetti gekocht und sie dann mit den Händen gegessen? Wenn bei der Vorstellung daran eine leichte innere Irritation eintritt, dann hängt das mit einem Glaubensmuster aus der Kindheit zusammen:

- Man spielt nicht mit dem Essen.
- Wer Flecken macht, ist unartig.
- Benimm dich wie die anderen auch.

Jeder trägt in sich solche Limitierungen aus seinen frühen Erfahrungen. Bei mir zeigte sich eine solche Prägung im Bezug auf eine Prüfungsangst.

Beispiel: Durch die Prüfung gefallen

Als Kind fiel ich durch eine Prüfung in Rhythmischer Sportgymnastik, obwohl ich im Training immer eine der Besten gewesen war. Ich konnte damals nicht verstehen, wieso ich nicht bestanden hatte – wenn ich ehrlich bin, verstehe ich es bis heute nicht, denn es hat sich niemand die Zeit genommen, es mir zu erklären.

Die Schlussfolgerung in meinem Unterbewusstsein lautete: Da ich nicht weiß, welches die Kriterien für das Gelingen einer Prüfung sind, kann ich mir nicht sicher sein, dass es klappt. Daraus entstand ein Glaubenssatz: „Egal was ich anfange, am Ende wird es sicher schiefgehen, und ich werde nicht mal wissen, wieso." Solche Glaubensmuster übertragen sich leicht auf ähnliche Situationen, in denen ebenfalls unsicher ist, ob es gelingen wird. Wie zum Beispiel beim Neuanfang.

Dies sind verheerende Glaubenssätze. Denn sie beschwören unbewusst eine undefinierbare Unruhe und Zweifel herauf. Diese negativen Gefühle können sogar den Impuls auslösen, ein Vorhaben abzubrechen, obwohl – wie in meinem Fall – die negative Erfahrung dazu schon Jahrzehnte her ist und mit der heutigen Situation nichts mehr zu tun hat.

Das Unterbewusstsein hat die Aufgabe, alles, was wir erleben, festzuhalten und zu automatisieren. Das Gute daran ist: Das macht das Leben einfacher. Was wir einmal gelernt haben, brauchen wir nicht jeden Tag aufs Neue zu lernen. Damit meine ich nicht den Satz des Pythagoras, sondern die alltäglichen Dinge wie Laufen, Sprechen, Autofahren, Haushaltsgeräte bedienen oder Schuhe zubinden. Würde das Unterbewusstsein diese gelernten Automatismen loslassen, müssten wir jeden Morgen aufs Neue die Bedienungsanleitung der Kaffeemaschine durchlesen, um unseren Morgenkaffee genießen zu können. Das wäre ganz schön anstrengend! Wenn wir einmal richtig darüber nachdenken, stellen wir fest, welch große Zeitersparnis und Erleichterung im Alltag das Unterbewusstsein für uns bereithält. Dafür sollten wir auf jeden Fall dankbar sein.

Beispiel: Der Autopilot

Kennst du folgende Situation? Du triffst dich mit einer Freundin, der es nicht so gut geht. Sie erzählt dir in eurem Lieblingscafé von ihrer misslichen Lage. Mit deiner fürsorglichen Art und wohlwollenden Worten hilfst du ihr dabei, sich wieder besser zu fühlen.

Anschließend fährst du mit dem Auto nach Hause, und während der Fahrt lässt du dir die Unterhaltung nochmals durch den Kopf gehen. In Gedanken steigst du wieder in die Diskussion mit deiner Freundin ein und findest noch weitere Hinweise, die du ihr hättest geben wollen. Während du dir diese Hinweise zu merken versuchst, damit du sie ihr zu einem späteren Zeitpunkt mitteilen kannst, realisierst du, dass du mit deinem Auto bereits in deine Einfahrt abbiegst. Du könntest nicht mehr sagen, welche Autos in den letzten fünf Minuten an dir vorbeigefahren sind. Du weißt auch nicht, wie die Häuser links und rechts der Straße ausgesehen haben.

Die Fahrt ist völlig an dir vorbeigegangen, weil du ja mit Denken beschäftigt warst. Aber wer ist denn an deiner Stelle gefahren?

Vielleicht weißt du es schon. Es war dein Unterbewusstsein. An diesem Beispiel, das wir wohl alle so ähnlich schon einmal erlebt haben, können wir etwas Wichtiges erkennen: Das Unterbewusstsein ist eine eigene und auch intelligente Bewusstseinsform und nicht nur eine Festplatte, wie häufig angenommen wird. Es hat dir in der Vergangenheit schon tausendmal das Leben gerettet. Auch dafür können wir dankbar sein. Für unseren Neuanfang heißt dies, dass wir bereits über viele positive Automatismen verfügen, die uns unserem Herzenswunsch näherbringen.

Wie bereits erwähnt ist es seine konservative Art, die das Unterbewusstsein für Veränderungsprozesse etwas ungemütlich macht: die Tatsache, dass es an jeder Erfahrung festhält, die wir erlebt haben, egal wie gut oder schlecht sie für uns war. Für den Neubeginn folgt daraus, dass das Unterbewusstsein an Ängsten, Befürchtungen, negativen Erfahrungen und Prägungen festhält und sie nicht so leicht loslässt. Möchte ich etwas in meinem Leben verändern, laufen die alten hinderlichen Automatismen immer noch weiter und die neuen positiven Automatismen, die ich für die Veränderung brauche, müssen erst noch entdeckt und integriert werden. Diese Erfahrung entspricht dem luftleeren Raum zwischen den zwei Stühlen, die ich anfangs schon erwähnt habe: der alte Stuhl, von dem wir wegwollen, weil er nicht mehr bequem ist, und der neue, den wir noch nicht erreichen können.

Wenn wir im Leben etwas verändern wollen, geht es nicht darum, alles Hinderliche zu löschen wie Dateien oder Software auf dem Computer. Unsere Vergangenheit ist, wie sie ist, und daran gibt es nichts zu rütteln. Was wir ändern können, ist unser innerer Bezug dazu. In meinem Beispiel mit der verpatzen Prüfung in Rhythmischer Sportgymnastik hieße dies, dass ich nicht ablehne, dass ich die Prüfung nicht bestanden habe. Es bringt auch nichts, sich einzureden, dass es nicht passiert ist. Unser Unterbewusstsein hat einen feinen Riecher für die Wahrheit. Wir spüren das in Situationen, in denen wir uns gezwungen fühlen, nicht die Wahrheit zu sagen. In dem Moment, wo wir zu sprechen beginnen, kommt aus dem Unterbewusstsein sofort der Hinweis, dass wir lügen.

Auch das Schönreden der Prüfung hätte nicht den gewünschten Effekt. Ablehnen, dass es überhaupt so stattgefunden hat, würde mich in eine Scheinrealität bringen, in der ich alles Unangenehme wegdrücke. Wegdrücken bedeutet: Es entsteht Druck, und dieser Druck hat negative Auswirkungen auf meine Lebensqualität. Mit der „Zwei-Punkte-Technik“ nach *Matrix Live*, die ich dir im Praxisteil vorstelle, haben wir jedoch noch eine andere Möglichkeit: Wir können die Situation von Glaubensmustern und Emotionen des Versagens trennen und diese loslassen. Denn dass ich die Prüfung nicht bestanden habe, ist eine Tatsache. Dass ich mich deshalb schlecht und unwürdig fühlen muss, stimmt hingegen nicht. Diese Glaubensmuster sind nicht echt und können deshalb verändert werden.

In meinem Fall habe ich die negativen Gefühle dazu gehen lassen und die unterbewusste Selbstablehnung losgelassen. Damit kann ich verhindern, dass mich die Vergangenheit in ähnlichen Situationen einholt. Wenn ich nun in meinem Unterbewusstsein auf den Teil meiner Vergangenheit treffe, in dem ich diese Prüfung nicht bestanden habe, so bleibe ich liebevoll und ruhig. Das denke ich mir nicht aus, es ist einfach da. Da ist kein Bedauern, kein Groll mehr und auch kein Verändernwollen. Es ist, wie es ist – nicht mehr und nicht weniger.

Beispiel: Umgang mit Autoritäten

Eine Frau, nennen wir sie hier Melissa (der Name wurde geändert, um ihre Privatsphäre zu wahren), hatte Angst vor Autoritäten und war mit ihrer Arbeitsstelle sehr unglücklich. Die Tätigkeiten in ihrer Abteilung waren ungerecht verteilt, und dies machte sie unzufrieden. Sie traute sich aber nicht, mit ihrem Chef darüber zu sprechen, und fühlte sich angesichts der Situation immer ohnmächtiger. Sie lernte bei mir in der Ausbildung das Matrixen und nutzte es, um ihre Vergangenheit zum Thema „Umgang mit Autoritäten“ zu transformieren. Einige Zeit später traf ich sie wieder und sie erzählte mir mit leuchtenden Augen folgende Begebenheit: „Weißt du, es war unglaublich! Ich hatte alle diese bedrückenden Gefühle nicht mehr. Ich habe es einfach getan. Ohne nachzudenken, ganz in meiner inneren Mitte verankert, bin ich beim Chef ins Büro reinspaziert und habe ihm gesagt, was mich bei der Arbeit stört.

Und weißt du was? Er ist ganz klein und unsicher geworden. Er hat sogar zu schwitzen angefangen. Er hat mir versprochen, die Dinge ernst zu nehmen und sich darum zu kümmern. Und das hat er dann auch getan. Als ich sein Büro verließ, musste ich ein bisschen über mich selber schmunzeln. All die Monate hatte ich mich ohnmächtig gefühlt und mir vorgestellt, wie er mich in Grund und Boden stampfen würde – und nichts davon ist eingetreten!"

Melissa hat auf allen drei Ebenen – Gedanken, Gefühle und Körperwahrnehmung – bei sich eine Veränderung herbeigeführt. Sie fühlte sich nach dem Matrixen leichter und aufgerichtet. Emotional war sie nicht mehr betroffen. Es fühlte sich neutral an, wenn sie an ihren Chef dachte. Sie traute sich zu, ruhig und sachlich ihr Anliegen vorzutragen. Indem sie ihre Ängste transformierte, gelangte sie zu einem Neuanfang in ihrem Leben.

Der Körper ist beim Matrixen ein guter Wegweiser: Wenn ich in meinen Coachings Menschen behandle, dann fühlen sie sich danach leichter, stabiler und besser verwurzelt in der Welt. Dies alles sind positive Anzeichen dafür, dass sich im Unterbewusstsein etwas tiefgreifend verändert hat.

Nicht immer geht es so schnell wie beim oben beschriebenen Beispiel von Melissa. Manchmal dauert eine Veränderung auch länger. Das hat einen Grund, und darüber lohnt es sich zu sprechen. Das Thema ist mir wichtig, damit du dich selbst nicht unter Druck setzt, alles gleich und sofort verändern zu müssen.

Transformation hat ihr eigenes Tempo,
und die Seele hat den Überblick.

Darauf können wir vertrauen. Bei *Matrix Live* transformieren wir mit der Absicht, das Bestmögliche für den Menschen zum jeweiligen Zeitpunkt in Gang zu setzen. Nur dann geschieht es zum Wohle aller, und es kann dadurch Harmonie entstehen.

Meditative Einsicht über das richtige Tempo bei unserer Entwicklung

Als ich mich intensiv mit dem Thema der Entwicklungsgeschwindigkeit auseinandergesetzt habe, meditierte ich häufig darüber. Eines Tages erhielt ich in einer Meditation folgendes Bild:

Eine junge Frau von 25 Jahren wollte unbedingt anderen Menschen helfen, ihr Bewusstsein für die Bedürfnisse der Tiere zu schärfen. Sie hatte einen guten Draht zu Tieren und fühlte sich mit ihnen verbunden. Zu sehen, dass immer noch so viele Tiere von Menschen gequält wurden, machte sie traurig und wütend. Sie wünschte sich, ihr Anliegen unter ganz vielen Menschen zu verbreiten.

In meiner Meditation sah ich zwei Varianten, wie die Geschichte weiterlaufen konnte:

Variante A: Ihr Anliegen wurde gehört, und in kurzer Zeit ergab sich für sie die Möglichkeit, an einem Kongress vor 2000 Menschen zu sprechen und all den Menschen ihre Anliegen zu vermitteln. Dies tat sie auch. Als sie dastand, ganz allein auf der Bühne, und den Druck der 2000 Augenpaare auf sich spürte, die erwartungsvoll in ihre Richtung schauten, versagte ihr die Stimme. Sie war diesem Druck nicht gewachsen. Ihr Vortrag wurde zum Desaster und die junge Frau war so enttäuscht von sich und auch etwas traumatisiert, dass sie nie mehr von Tieren sprach, weil es zu viel Schmerz auslöste.

Mit der Zeit erhielt sie Hilfe, um das Trauma zu verarbeiten. Schrittweise tastete sie sich langsam wieder an ihren Traum heran. Sie stellte sich ihren Ängsten und kämpfte immer wieder tapfer dagegen an. Im hohen Alter von 75 Jahren war sie wieder so weit, vor vielen Menschen sprechen zu können, und feierte große Erfolge im Kampf für die Tiere.

Variante B: Der Wunsch, vor vielen Menschen zu sprechen, wurde von ihrer Seele als zu früh eingestuft. Etwas enttäuscht stellte sie fest, dass sich die erhoffte Gelegenheit nicht ergab. Stattdessen lud ein Bekannter sie ein, in seinem kleinen Verein zum Tierschutz mitzuwirken. Sie lernte viel über die Hintergründe und wie man für die Tiere argumentieren konnte, ohne angriffig zu sein. Sie hielt kleine Seminare mit fünf bis zehn Teilnehmern und hatte Freude daran. Ihre natürliche Begabung, vor Publikum zu reden und diese zu erreichen, sprach sich rasch herum, und es kamen immer mehr Menschen zu ihren Seminaren und Vorträgen. Langsam wuchs die Zahl der Zuhörer von 20 auf 50 auf 150 auf 500 und schließlich auf über 1000. Das machte ihr nichts aus, denn nun war sie vorbereitet und gewohnt, vor Menschen zu stehen. Mit 30 wurde sie zum gleichen Kongress eingeladen, um vor 2000 Menschen zu ihrem Thema Tierschutz zu sprechen. Ihre Rede war brillant, und die Menge dankte es ihr mit einer stehenden Ovation.

Was ich in dieser Meditation gelernt habe? Der scheinbar kürzere Weg ist nicht unbedingt der bessere. Das hat mir in vielen Situationen geholfen. Es hat mich darin bestärkt, gelassener zu sein und Vertrauen in den Lauf der Dinge zu haben, wenn es einmal mit der Transformation nicht so lief, wie ich meinte, dass es sein müsste – in meinem eigenen Leben und in dem meiner Klienten.

Beispiel: Das Timing der Seele

Zwei Menschen, die heute ein glückliches Paar sind, tanzten über Jahre hinweg jeder für sich leidenschaftlich gern Salsa. Und obwohl sie sich zeitweise in den gleichen Salsa-Lokalen in Zürich befanden, lernten sie sich doch nicht kennen. Salsa ist ein Paartanz, bei dem man mit vielen verschiedenen Menschen in Kontakt kommt. Nach acht Jahren stellte eine gemeinsame Freundin die beiden einander vor. Und einige Monate später waren sie ein Paar. Ihnen beiden war es schleierhaft, wie sie so lange aneinander vorbeitanzen konnten. Im Nachhinein realisierten sie, dass sie sogar die gleichen Leute kannten.

Ich weiß das so genau, weil diese Geschichte von meinem Partner Karem und mir selbst handelt. Mit etwas Distanz betrachtet hätte es für uns beide keinen besseren Zeitpunkt für ein Aufeinandertreffen geben können. Wir waren beide Single, beide hatten wir uns intensiv mit unseren Glaubensmustern und Prägungen auseinandergesetzt und wussten, dass wir nur noch mit einem Partner weitergehen wollten, der bereit war, an sich zu arbeiten. Ich lernte durch Karem das Matrixen, und dies war der entscheidende Baustein für unsere gemeinsame Arbeit mit *Matrix Live*. Heute wissen wir beide: Hätten wir uns früher kennengelernt, es hätte nicht so reibungslos funktioniert. Das Unterbewusstsein und die Seele haben in unserem Fall gut zusammengearbeitet.

Fassen wir noch einmal kurz zusammen: Die Stärke unseres Unterbewusstseins besteht darin, dass es ein automatisierter Speicherort für alles ist, was wir im Leben gelernt haben. Es dient uns täglich, indem wir Gelerntes abrufen und Automatisiertes leicht nutzen können. Es verfügt über eine eigene Intelligenz und ist damit eine große Unterstützung im Leben.

Seine Schwäche ist die Tatsache, dass es an allem festhält und nicht zwischen nützlichen und hinderlichen Informationen unterscheiden kann. Das macht uns das Leben manchmal schwer. Gerade in Zeiten der Veränderung blockieren wir uns oft unbewusst durch negative Erfahrungen aus der Vergangenheit. Hier liegt die Schwachstelle unseres Unterbewusstseins, aber auch das größte Potenzial, etwas zu lernen. Nehmen wir das Unterbewusstsein freundlich an die Hand, statt es für sein Festhalten zu verurteilen. Dann gelingen Veränderung und Neubeginn viel leichter!

Das Tagesbewusstsein: Vermittler zwischen Unter- und Überbewusstsein

Das Tagesbewusstsein ist der Teil deines Bewusstseins, mit dem du im „jetzigen Moment" wahrnimmst und agierst. Du weißt, wer du bist, wie du heißt, wo du wohnst, was du gerade tun willst. Es ist der Teil, in dem wir bewusst unsere Gedanken steuern und Gefühle beeinflussen können.

Der wichtigste Aspekt am Tagesbewusstsein ist der freie Wille. Wähle zu wählen! Diese Aufforderung habe ich vor Kurzem auf einer Karte gelesen und dabei realisiert, dass wir immer wählen – bewusst oder unbewusst. Zu wählen heißt, sich zu entwickeln. Man kann sich nicht nicht entwickeln. Jeder entwickelt sich weiter, ob er will oder nicht. Entwicklung ist unsere übergeordnete Lebensaufgabe. Jeder Tag, jeder Atemzug ist eine Entwicklung. Auch wenn ich 20 Jahre lang derselben Arbeit nachgehe, so ist jeder Tag neu und damit etwas anders. An jedem Tag lerne ich etwas, ob ich mir dessen bewusst bin oder nicht. Wer sich bewusst entwickelt, der geht nur schneller und hat die Möglichkeit mitzubestimmen. Im Wort Unterbewusstsein ist immer noch Bewusstsein drin und wo Bewusstsein ist, ist Entwicklung, auch wenn es langsam geht. Unbewusstes Wählen geschieht auf der Basis der vergangenen Erfahrungen und den daraus entstandenen Automatismen. Treffe ich zum Beispiel auf einen potenziellen Partner, so schaut das Unterbewusstsein nach, was es mit Beziehungen schon für Erfahrungen gemacht hat. Es konzentriert sich dabei auf mögliche Probleme, die auftreten könnten und kreiert sich damit eine Realität. Da sich das Unterbewusstsein auf diese möglichen Probleme konzentriert, die es zu vermeiden gilt, wird dies auf der Basis unbewusster Ängste und Befürchtungen geschehen.

Bewusstes Wählen ist anders. Es geschieht über das Tagesbewusstsein. Auch hier können Ängste vorhanden sein, wenn sie mir aber bewusst sind, so kann ich mich entscheiden, trotz der Ängste mein Ziel weiterzuverfolgen. Das ist kraftvoll und manifestiert eine Zukunft, die mehr dem entspricht, was ich mir wünsche.

Auf der Ebene des Tagesbewusstseins können wir unsere Realität positiv beeinflussen, indem wir zum Beispiel mit Affirmationen arbeiten.

Affirmationen sind positive Sätze, die man viele Male wiederholt und die über diese Wiederholung einen positiven Effekt auf unser Unterbewusstsein ausüben.

Bei der Arbeit mit Affirmationen musst du auf drei Dinge achten:

1. Die Aussagen sollten realistisch sein.

Das heißt, dass wir sie nicht zu hoch ansetzen dürfen. Für den Erfolg ist entscheidend, dass wir ihnen mit der Zeit tief innerlich Glauben schenken können. Lautet deine Affirmation: *Ich bin der reichste Mensch der Welt, immer glücklich und nur von guten Menschen umgeben*, so wird es in deinem Unterbewusstsein viele Widerstände geben. Die Gefahr zu scheitern ist groß.

2. Die Affirmationen sollten über eine längere Zeitspanne eingesetzt werden.

Lautet deine Affirmation: *Ich kann mir mein Leben selbst finanzieren und habe einen Partner, der mich liebt,* so ist die Chance groß, dass sie sich im Laufe der Jahre erfüllt. Ja, du hast richtig gelesen, ich rechne in Jahren und das aus eigener Erfahrung, auch wenn es in manchen Fällen kürzer dauern kann. Affirmationen wirken über die Zeit. Wir müssen Geduld und Einsatzwillen beweisen, bis unser Unterbewusstsein unserer Affirmation Glauben schenkt und die gewünschte Veränderung zulässt.

3. Es sollten nur wenige, dafür aber kraftvolle Affirmationen sein.

Meine erste Affirmation habe ich während fünf Jahren täglich benutzt. Das war während meiner Grundschulzeit. Als ich eines Tages weinend nach Hause kam, weil man mich im Turnen wieder als Letzte in die Gruppe gewählt hatte, gab mir meine Mutter eine Affirmation, um diesen Schmerz zu heilen. Sie erklärte mir den Nutzen und half mir beim Aufschreiben der Worte. Ich war ein introvertiertes Kind mit einem niedrigen Selbstwertgefühl. Dies spiegelte mir meine Umwelt, indem ich aus meiner damaligen Sicht von meinen Freundinnen immer wieder im Stich gelassen wurde. Aus irgendeinem Grund war ich der tiefen Überzeugung, dass ich nicht so wertvoll war wie andere und deshalb auch nicht verdiente, geliebt zu werden. Meine Affirmation von damals hieß: *Ich habe alles, was die anderen auch haben, und man hat mich gern, so wie ich bin.* Bis mein Unterbewusstsein bereit war, den Zweifel zu transformieren, dauerte es also Jahre. Aber von da an war ich ein anderes Kind.

Wir leben in einer schnelllebigen Welt. Bei einigen meiner Kursteilnehmerinnen habe ich bemerkt, dass sie die Aussicht, in den kommenden Jahren täglich die gleiche Affirmation zu wiederholen, nicht so prickelnd fanden. Ich kann die Arbeit mit Affirmationen sehr empfehlen. Sie geben uns Halt und eine Richtung, damit wir wissen, wohin die Reise geht. Damit es schneller geht, haben wir Techniken wie die Zwei-Punkte-Methode, die ich Dir im Kapitel „Dein Potenzial entfalten mit der Quantenheilung“ vorstelle.

Welchen Weg wir auch wählen: Es ist von Bedeutung, unsere Glaubensmuster und Prägungen aus der Vergangenheit zu transformieren, und das auf allen drei Ebenen: den Gedanken, den Gefühlen und der Körperwahrnehmung. Weiterhin braucht es eine harmonische Dosierung, die unserem Ziel dient. Dazu verbinden wir uns mit einer Ebene, die den Überblick über unsere gemachten Erfahrungen hat - unsere Seele.

Mit der Seelenebene zusammenzuarbeiten trägt einen weiteren positiven Aspekt in sich: Während das Unterbewusstsein an allem festhält, ist die Seelenebene mit allem verbunden und dadurch unendlich. Sie vertraut und weiß, dass wir uns, wenn wir loslassen, frei fühlen. Unendlich bedeutet eine Bewegung der Ausdehnung. Mit der Zwei-Punkte-Technik nach *Matrix Live* bitte ich die Seele, meine Blockaden aufzuspüren und sich an diesen Stellen auszudehnen. Ist die Seele damit einverstanden, erlaubt sie dem Unterbewusstsein das Loslassen der Blockade. So funktioniert die Transformation.

Das Überbewusstsein: die Ebene der Seele

Der Seele besitzt den Überblick über unsere gelebten Erfahrungen aus all unseren bisherigen Leben (nach Nandi Devar). Die Seelenebene ist der schöpferische oder göttliche Anteil in uns. Es ist der Bereich der Freiheit, der Liebe und von allem, was sich über schöpferische Tätigkeiten ausdrückt. Hier entstehen Kreativität, Inspiration und Intuition. Es ist ein Bereich der Klarheit und der Unterscheidungskraft. Die Ebene der Seele ist wortlos, findet also jenseits des Denkens statt. Das ist der Grund, weshalb wir in kreativen Prozessen nicht denken, sondern einfach wahrnehmen und handeln.

Ein schönes Wort dafür ist der schon genannte Begriff „Flow“. Vielleicht hast du auch schon die Erfahrung gemacht, dass du während eines kreativen Prozesses, wenn du im Flow bist, nicht denkst. Wenn ich gestalterisch tätig bin, zum Beispiel mit Ton, entsteht ein Fluss, in dem ich leicht und innig arbeiten kann, ganz ohne zu denken. Dabei bin ich ganz im Moment versunken und glücklich mit mir und der Welt. Denn Glück ist kein Gefühl, sondern ein natürlicher Zustand der Seele. Wenn ich mich dazu verleiten lasse, während des Modellierens meinen Gedanken zu folgen, ist der Flow unterbrochen und ich gerate ins Stocken.

Von Zeit zu Zeit arbeite ich als Vertretung in verschiedenen Kindergärten. Dabei kann ich immer wieder beobachten, wie die Kinder in einen Spielprozess versinken. Sie gehen mit dem Fluss und vergessen alles, was um sie herum geschieht. In dem Moment leben sie ganz im „Jetzt“, haben unglaublich viel Energie und erleben dabei Leichtigkeit und Freude. Kinder sind noch nicht so sehr von ihrem Denken geprägt wie Erwachsene. Ihre Gedankenstrukturen haben sie noch nicht so fest im Griff. Das heißt, sie sind nicht ständig mit der Planung und Organisation des Lebens beschäftigt und haben deshalb auch nicht so eine starke Neigung, sich Sorgen zu machen oder an etwas zu zweifeln. Das Fehlen von sorgevollen Gedanken bewirkt, dass sie einfacher im Jetzt sein und damit in den Flow des Glücks eintauchen können.

Als Erwachsene holen wir uns diesen Flow über kreative Tätigkeiten zurück. Dabei geht es darum, dass wir diesen Zustand der innigen Vertiefung, der inneren Weite und Freude wieder erleben können. Einige nennen es „den Kopf frei machen“, aber es ist noch viel mehr als das.

Kreativität ist kein Privileg weniger Menschen,
sondern ein Urbedürfnis aller Menschen.

Es ist der Zustand, in dem wir Kraft und Mut tanken. Bei einigen ist dieser Zugang zu den eigenen Schöpferkräften offener als bei anderen, dann sprechen wir von einem kreativen Menschen.

Wir alle sind schöpferische und damit kreative Wesen. Das Glück des Flow und der Zugang zur eigenen Seelenebene ist ein natürlicher Bestandteil unserer Existenz. Wir sind kreativer, als wir es vielleicht wahrnehmen. Kreativität drückt sich auf verschiedenen Ebenen aus. Wir können überall kreativ sein: beim Kochen, beim Basteln, beim Erfinden einer neuen Business-Idee, beim Reparieren von Gegenständen, beim Austüfteln von neuen Lösungen im Abrechnungswesen und beim Schreiben eines Liebesbriefes. Kreativ zu sein, heißt einfach, schöpferisch tätig zu sein. Dabei nutzen wir intuitiv den Zugang zur Seele und gehen inspiriert und mit viel Klarheit an eine Aufgabe heran. Ich empfehle jedem Menschen, Kreativität in sein Leben einzubauen, denn das stärkt das positive Ich-Gefühl und damit das Selbstvertrauen.

Die Kräfteverhältnisse in der inneren Welt

Weshalb dauert es so lange, um das Unterbewusstsein über die Ebene des Tagesbewusstseins zu verändern, zum Beispiel mit Affirmationen? Das hat mit dem Kräftegleichgewicht in der inneren Welt zu tun. Das Tagesbewusstsein ist dem Unterbewusstsein kräftemäßig unterlegen.

Dazu ein Bild: der Bodensee im Vergleich zum eigenen Körper. Wer den Bodensee nicht kennt, er liegt im Vierländereck Deutschland-Österreich-Schweiz-Liechtenstein und wird wegen seiner zentralen Lage liebevoll die „Seele Europas“ genannt. In meinem Vergleich verwende ich Wasser als Stellvertreter für Bewusstsein. Wäre das Wasser in meinem Körper mein Tagesbewusstsein, so wäre das Wasser des Bodensees das Unterbewusstsein. In Zahlen bedeutet dies: Der menschliche Körper enthält im Durchschnitt um die 0,07 Kubikmeter, der Bodensee 50 Milliarden Kubikmeter Wasser. Das ist der Grund, wieso ich mir mit meinem Wasseranteil von Tagesbewusstsein vornehmen kann, weniger Schokolade zu essen oder mehr joggen zu gehen, und es dann doch nicht tue, weil mein See von Unterbewusstsein dagegen ist. Ich liebe Schokolade. Alleine die Erinnerung an ein Stück Milchschokolade mit Nüssen lässt mir das Wasser im Mund zusammenlaufen. Nehme ich mir vor, weniger davon zu essen, rümpft das Unterbewusstsein einmal die Nase und pustet meine guten Vorsätze weg.

Deshalb brauche ich für eine nachhaltige Transformation kraftvolle Unterstützung. Diese erhalte ich von der Seelenebene, wenn ich darum bitte. Wenn das Tagesbewusstsein das Wasser in unserem physischen Körper ist und das Unterbewusstsein im Verhältnis so übermächtig wie das Wasser im Bodensee, so entspricht das Bewusstsein der Seelenebene wiederum dem Wasseranteil in unserer Atmosphäre und im ganzen Universum. Denn die Seelenebene ist unendlich weit. Sie besteht praktisch nur aus Bewusstsein, gepaart mit einer ganz feinen Energie.

Vielleicht fragst du dich, wieso das Unterbewusstsein so groß ist. Das hat damit zu tun, dass du nicht nur die Prägungen deiner eigenen Geschichte in dir trägst, sondern auch die deiner Familie, deiner Ahnen und der Gesellschaft, in der du lebst.

Die emotionalen Prägungen und gedanklichen Glaubensmuster, die uns im Alltag begleiten und lenken, haben wir von unseren persönlichen Erfahrungen, denjenigen unserer Familie und den Prägungen unserer Gesellschaft angesammelt und unbewusst übernommen. Dies war wichtig, um uns an die Umwelt anzupassen und damit unser Überleben zu sichern.

In der Zeit, als ich an der Universität Fribourg „frühkindliche Erziehung“ studierte, erkannte ich einige interessante Dinge für meine jetzige Arbeit. Eines davon ist, dass fast alles, was wir Kindern beibringen, nonverbal geschieht. Müssten wir einem Kind alles, was es zum Leben braucht, mit Worten erklären, wären wir den ganzen Tag mit nichts anderem beschäftigt. Deshalb hat die Natur es wohl so eingerichtet, dass wir als Kinder einen siebten Sinn für die Energien und Gedanken der Eltern haben. Wir sind an das Energiesystem der Eltern angeschlossen und können fühlen, was sie fühlen. Auf diese Art entstehen unsere Glaubenssätze.

Beispiel:
Die Geburt von Glaubenssätzen

Ein vierjähriges Kind läuft an der Hand seiner Mutter durch die Straße. Dabei treffen sie auf eine Nachbarin. Das Kind erkennt instinktiv, ob die Mutter diese Nachbarin mag oder nicht. Es fühlt diese Information an der Art, wie die Mutter die Nachbarin begrüßt. Gleichzeitig zieht es daraus seine Schlüsse für das eigene Leben. Zum Beispiel: „Ich grüße auch Menschen ganz nett, die ich eigentlich nicht mag." Ein neuer Glaubenssatz ist geboren.

Auf diese Weise lernt ein Kind durch Beobachten, Erfühlen und intuitives Erkennen, wie seine Umwelt das Leben gestaltet, und nimmt diese Informationen in sein Unterbewusstsein auf. Das Unterbewusstsein unterscheidet dabei nicht, ob dies eine sinnvolle oder eine sinnlose Information ist. Denn – wie bereits erwähnt – funktioniert es automatisch und hält alles fest, was ihm begegnet. In den vielen Jahren der Kindheit sammeln sich so Unmengen von Glaubensmustern, Prägungen und Erinnerungen an. Aus diesem Grund ist es realistisch, das Unterbewusstsein mit dem Bodensee zu vergleichen.

Nun, da wir das Kräfteverhältnis unserer inneren Welt kennen, wird klar, wieso es sich lohnt, uns immer wieder aufs Neue an die unendliche Kraft der Seele zu wenden.

Mit dem richtigen Gefühl ins Handeln kommen

Gedanken bestimmen unser Leben, und Gefühle tun es noch mehr! Denn es sind die Gefühle, die jedem Augenblick eine ganz eigene Qualität geben. Nehmen wir zum Beispiel das Thema Musik: Welche Lieder wir mögen, ist eine Frage der Gefühle, die wir beim Hören entwickeln. Ob Rockmusik, Klassik, Schlager oder ein wenig von allem – es geht immer darum, bei dem, was wir hören, ein gutes Gefühl zu haben. Ob wir einen Konzertbesuch genießen oder nicht, hängt maßgeblich von der Stimmung ab, die wir in das Konzert mitnehmen. Wenn verschiedene Menschen dasselbe Konzert besuchen, sind sie zur gleichen Zeit am gleichen Ort und tun genau das Gleiche. Dennoch können sie das Konzert sehr unterschiedlich erleben. Ihre Einschätzung über das Erlebte hängt davon ab, welche Gefühle der Konzertbesuch bei ihnen ausgelöst hat.

In dieser Beziehung sind wir Menschen sehr einfach gestrickt: Erleben wir positive Gefühle, sind wir zufrieden, erleben wir negative Gefühle, sind wir entsprechend unzufrieden. Wir tun viel für ein gutes Gefühl und noch mehr, um ein mögliches negatives zu vermeiden.

Viele Menschen gehen davon aus, dass Gefühle nur von Gedanken ausgelöst werden. Sie glauben, der Kopf sage Herz und Bauch, was sie zu fühlen hätten. Dem ist nicht immer so, denn es ist nur eine Möglichkeit. Viel öfter entstehen Gefühle unmittelbar. Sie zeigen sich als Reaktion auf das, was wir sehen, hören, spüren, schmecken und riechen, ohne dass wir Zeit haben, einen Gedanken daran zu verlieren. Wenn du zum Beispiel einen Sonnenaufgang betrachtest, so spürst du die wohltuende Wärme der malerischen rotgelben Sonne direkt, ohne dass du darüber nachdenkst. Der Gedanke folgt in diesem Fall dem Gefühl. Ich sehe die aufgehende Sonne, ich empfinde ein wunderbares Gefühl, und dann denke ich: Wow, ist das schön!

So ist es sehr oft im Leben. Ich schaue in eine Richtung, sehe etwas und habe sofort ein Gefühl zu diesem Objekt. Das Denken kommentiert und bewertet im Anschluss daran, was ich gerade wahrgenommen habe. Natürlich ist es dabei von meinem Gefühl beeinflusst. Dies kann auch in Beziehungen ein wichtiger Hinweis sein, denn der Vorgang ist subtil und wird häufig nicht bewusst wahrgenommen. Nehmen wir einmal an, wir sind mit unserer Mutter zum Kaffeetrinken in der Stadt verabredet. Auf dem Weg dorthin sehen wir ein Plakat einer Tierschutzorganisation, auf dem Tiere in viel zu engen Käfigen abgebildet sind. Das ruft vielleicht ein bedrückendes Gefühl in uns hervor, das uns gar nicht deutlich bewusst ist. Wenn wir kurz danach unsere Mutter treffen und sie begrüßen, so kann sie wahrnehmen, dass wir leicht bedrückt sind. Menschen und insbesondere solche, die uns nahestehen, haben ein feines Gespür für unsere inneren Stimmungen. Unsere Mutter fragt: „Ist etwas nicht in Ordnung?“ Und etwas verwirrt versuchen wir, innerlich zu analysieren, was gerade passiert. Wir sagen Dinge wie: „Ich habe eine anstrengende Zeit, nicht gut geschlafen.“ Wir geben dem Wetter die Schuld oder wählen irgendeinen Aufhänger, der uns in unserem Umfeld gerade stört.

Damit erschaffen wir unnötigerweise noch mehr Negativität. Denn wir fangen selbst an, daran zu glauben, dass es uns aufgrund von Alltagsstress oder wenig Schlaf schlecht geht und erschaffen einen Glaubenssatz, der uns zum Opfer der Umstände macht. Viele diffuse Gefühle, die wir in uns tragen, sind direkte Reaktionen auf das, was wir den ganzen Tag sehen. Sie haben nichts mit unserem persönlichen Leben zu tun. Wenn wir diese zwei Dinge mischen, halten wir unser Leben für negativer, als es eigentlich ist.

Deshalb ist die Auseinandersetzung mit Gefühlen so entscheidend – gerade in Zeiten des Neubeginns. Wenn wir auf unsere Gefühle achten, können wir den Neubeginn angehen, ihn einfacher und erfolgreicher gestalten. Je besser ich meine Gefühle verstehe, desto einfacher gelingt mir der Umgang damit. Deshalb erforsche ich meine Gefühle seit Jahren und lerne dabei immer wieder neue Facetten von mir kennen. Im folgenden Kapitel geht es darum zu verstehen, wie stark uns unsere Gefühle prägen, wie sie wirken und wie wir damit umgehen können.

Gefühle sind wie das Wetter

Eine gute Möglichkeit, die eigenen Gefühle besser einschätzen zu lernen, besteht darin, das Wetter zu beobachten. Gefühle sind unser „inneres Wetter", sie färben unsere Stimmung. Mal ist das Wetter stürmisch (Aufregung), mal sonnig (Freude), dann regnet es eine Zeit lang (Trauer) oder es kommt ein Gewitter auf (Wut). Kein Wetter bleibt für immer – es ist in ständiger Veränderung. So ist auch unsere innere Gefühlslage nicht stabil. Kein Regen währt ewig, aber auch die Sonne wird von Zeit zu Zeit verdeckt. Das Wetter in unserer inneren Welt bestimmt, wie wir den Moment erleben.

Viele Menschen spüren diesen inneren Zusammenhang. Intuitiv verbinden sie das äußere Wetter mit ihrer Stimmungslage. Wenn am Morgen die Sonne scheint, dann geht es ihnen gut, und wenn es regnet, sinkt auch das innere Stimmungsbarometer auf den Nullpunkt.

Ebenso wie das Wetter beeinflussen uns auch verschiedene Umstände in jedem Moment des Lebens. Wo ich mich gerade aufhalte, mit wem ich gerade spreche, was ich dabei tue – all das wirkt sich auf meine innere Wetterlage aus. Wenn ich mich im Prozess des Neubeginns befinde, bin ich mehr mit mir im Kontakt. Deshalb nehme ich Gefühle intensiver wahr als in Zeiten des immer gleichen Alltags. Die Lebendigkeit, die wir in Zeiten des Umbruchs fühlen, hängt damit zusammen, dass unsere Antennen feiner eingestellt sind. Jede neue Information im Zusammenhang mit dem Neubeginn kann meine Stimmung stark aufhellen oder trüben. Suche ich zum Beispiel eine Wohnung, so ist eine neu entdeckte, spannende Anzeige ein Stimmungsaufheller. Beim genaueren Hinsehen erkenne ich eine ungünstige Lage, und schon fällt die Stimmung in den Keller. Die Gefahr dabei ist, dass ich mich von meiner Enttäuschung herunterziehen lasse und innerlich aufgebe. Dies führt zu einer Stagnation im Fluss des Neubeginns.

Aber es ist uns durchaus möglich, unser inneres Wetter von den äußeren Umständen abzukoppeln. Wir müssen uns nur bewusst dazu entschließen. Das gelingt am besten, wenn wir einsehen, dass wir selbst für das eigene Wetter verantwortlich sind. Auf die Wohnungsanzeige zum Beispiel kann ich entweder aus einer Opferhaltung oder aus einer Schöpferhaltung heraus reagieren.

In der Opferhaltung verharre ich in der trüben Stimmung der Enttäuschung, dass die Wohnung die falsche Lage hat, und daraus forme ich Gedanken wie: *Nie passt es! Das wäre auch zu schön gewesen! Typisch, dass ich wieder nichts finde!* Das sind starke Glaubensmuster, die den weiteren Verlauf meines Neubeginns behindern.

Aus einer schöpferischen Haltung lasse ich das Gefühl der Enttäuschung los und konzentriere mich auf mein Ziel. Das braucht eine leichte Überwindung, denn das Hineinfallen in die negative Emotion ist die einfachere Variante. Wenn ich nicht aufpasse, geschieht das automatisch, aus meinem Unterbewusstsein heraus. Wieso? Weil dieses auf vergangene Erfahrungen zurückgreift und daraus auf die Zukunft schließt. Das muss nicht sein!

Es gibt Möglichkeiten, sich selbst bewusst mit positiven Gefühlen aus negativen Stimmungen herauszuheben – gute Musik hören, ein Bild eines lieben Menschen betrachten oder ein Stück meiner Lieblingsschokolade essen. Zu wissen, womit du deine Stimmung aufhellen kannst, ist eine ergiebige Ressource auf dem Weg zu deinem Neubeginn.

Kleine Notfallapotheke für positive Gefühle

Der Volksmund sagt: *Man lernt nicht erst schwimmen, wenn man kurz vor dem Ertrinken ist.* Genau so ist es mit den positiven Gefühlen. Es ist gut, zu wissen, was mir gute Gefühle ermöglicht, denn wenn ich sie akut brauche, fallen sie mir häufig nicht ein. Außer, ich habe mich zuvor einmal damit befasst und kann sie dadurch bewusst herbeiführen.

Ich empfehle dir, eine kleine Notfallapotheke für positive Gefühle anzulegen. Überlege dir, was dir guttut und was deine Stimmung aufhellt. Dabei ist es wichtig, so konkret wie möglich zu bleiben.

Frage dich zum Beispiel:

- Was löst gute Gefühle in mir aus?
- Womit fühle ich mich wohl? Wann geht es mir gut?

Überlege in Ruhe und erstelle eine Liste von Dingen, die dir ganz persönlich guttun. Bestimmt fallen dir dabei auch Dinge ein, die du in diesem Moment nicht direkt umsetzen kannst. Du bist zum Beispiel im Büro und merkst, dass dir jetzt ein Waldspaziergang guttun würde. Dann kannst du diesen Waldspaziergang auch visualisieren – also vor deinem inneren Auge wahrnehmen, statt ihn real zu erleben. Die Apotheke sollte natürlich so viele konkrete Elemente wie möglich enthalten. Einige davon habe ich schon genannt: Musik hören, ein Bild von einem lieben Menschen betrachten, etwas essen oder trinken, das du gerne magst. Manchmal reicht es auch schon, mit einem Stift ein Smiley auf ein Blatt zu kritzeln.

Diese ganz persönliche Notfallapotheke hast du nun zur Verfügung und kannst hineingreifen, wenn dein inneres Wetter durch negative Umstände getrübt wird.

Wie wir am Beispiel mit dem Tierschutzplakat gesehen haben, können auch ganz kleine Dinge unsere Stimmung verdüstern. Es ist eine Frage der Übung, wie gut du diese Beeinflussungen wahrnehmen kannst und damit die Möglichkeit hast, deine Stimmung zu verändern. Besonders in Zeiten eines Neubeginns ist es wichtig, auf Eintrübungen deines inneren Wetters zu achten.

Monkey-Mind, der negative Einfluss von Gedanken

Negativität gehört zu unserem Leben. Wir haben sogar eine gewisse Affinität dazu. Unser Verstand ist ein Instrument, um Probleme zu lösen. Er liebt es, über Negatives nachzudenken und eine Lösung dafür zu suchen. Doch über das Denken finden wir keine Lösungen, sondern nur weitere Optionen, an denen wir wiederum herumdenken können. Die Buddhisten nennen das *Monkey-Mind* (Affengeist). Im Yoga heißt es: Wenn jemand in den Wald spaziert und einem Affen Nüsse gibt, holt der gleich seinen Bruder, seine Schwester und die ganze Sippe. Alle wollen gefüttert werden und veranstalten ein Riesengeschrei. Genau das passiert, wenn wir an unseren Problemen herumstudieren. Wir finden immer mehr Varianten, und am Ende wissen wir nicht mehr, was wir glauben sollen und was nicht. Jeder dieser Gedanken löst zudem eine negative Emotion aus. Deshalb fühlt sich dieses Gedankenkarussell nicht gut an.

Es scheint so, als hätten negative Gedanken und negative Gefühle einen besonderen Reiz für uns. Wir kennen das von der Tagespresse: Negative Nachrichten verkaufen sich besser als positive. Auch im Austausch mit Freunden geht es oft um persönliches Leid oder um das Leid der Welt. Hast du schon mal bemerkt, dass Menschen im Alter sehr gern über ihre körperlichen Beschwerden sprechen? Das ist ganz normal. Wir tauschen uns miteinander aus und denken dabei an eines unserer Probleme. Dann bringen wir dieses Problem auf den Tisch, damit es diskutiert werden kann. Unbewusst wissen wir, dass wir über negative Informationen die ungeteilte Aufmerksamkeit unserer Mitmenschen erhalten.

Um unsere Affinität für Probleme zu veranschaulichen, entwerfe ich in meinen Seminaren das folgende Szenario: Stell dir vor, du gehst ins Kino und schaust dir einen Liebesfilm an. Darin treffen sich zu Beginn zwei Menschen auf einer Parkbank und verlieben sich. Die restlichen 90 Minuten schauen sie sich entzückt in die Augen, küssen sich ab und zu, halten Händchen oder lehnen den Kopf an die Schulter des anderen. Sonst passiert rein gar nichts. Jeder im Kino würde doch empört hinauslaufen und sein Geld zurückverlangen. Denn es fehlt das Drama. Da ist nichts los!

Nach meiner Beobachtung enthalten gängige Filme immer zwei Dramen: Am Anfang taucht ein Problem auf, das der Protagonist im Verlauf des Films zu lösen versucht. Als er es kurz vor dem Ende fast geschafft hat, kommt ihm ein weiteres Drama in die Quere. Dieses zweite Drama dient dazu, uns glauben zu machen, dass alles verloren sei. Nun, am Ende reißt sich der Hauptdarsteller zusammen, kommt in seine Kraft, und es folgt das ersehnte Happy End. Ein erfolgreicher Film ohne ein Problem, das es zu lösen gilt, ist in unserer problemorientierten Gesellschaft undenkbar.

Im Selbstversuch habe ich Folgendes festgestellt: Wenn ich ohne Absicht herumdenke, lande ich praktisch immer bei einem Problem, das ich lösen möchte. Das kann die Organisation des nächsten Tages sein und das Erledigen der To-do-Liste. Oder ich denke an andere Menschen, die mir von ihren Problemen erzählt haben und versuche, Lösungen dafür zu finden. Das löst automatisch ungute Gefühle in mir aus und macht mein Herz eng.

Beispiel: Der Gedanke an den Zahnarzt

Bei mir löst allein schon der Gedanke an den nächsten Zahnarztbesuch ein komisches Gefühl aus. Da ich mich schon länger mit Gefühlen befasse, kann ich sie gut wahrnehmen und möchte dir meine Wahrnehmung davon beschreiben: Wenn ich an den Zahnarzt denke, spüre ich so etwas wie ein Loch im Bauch. Dieses Loch ist aber nicht leer, sondern übt einen Druck aus. Diesen Druck könnte ich mit Worten wie Angst vor möglichen Schmerzen beschreiben. Forsche ich weiter, so bemerke ich, dass der Druck in meine Herzgegend aufsteigt und dort ein unangenehmes Ziehen auslöst. Gedanken dazu sind Zweifel, ob ich zum Zahnarzt gehen soll oder nicht. Gleichzeitig wird mein Hals etwas enger und der Kopf etwas heißer. Ich spüre ein Gefühl von Hilflosigkeit, von Ausgeliefertsein, da ich weiß, dass ich keine Wahl habe und irgendwann zum Zahnarzt gehen muss.

All das sind Auswirkungen von einem Gefühlscocktail, der sofort da ist, wenn ich daran denke, dass ich wieder mal zum Zahnarzt gehen sollte. Das Gefühl ist nicht stark und auch nicht so dramatisch für mich, wie es sich vielleicht anhört. Dennoch ist es da und verbreitet im Hintergrund eine schlechte Atmosphäre. Denke ich an den Zahnarzt, fühle ich mich nicht mehr so entspannt wie vorher. Ich nenne das eine „emotionale Verschmutzung meines inneren blauen Himmels“. Diese emotionale Verschmutzung können wir mit der Matrix-Technik beheben. Hab bitte noch ein klein wenig Geduld, ich komme gleich auf die Technik zu sprechen. Es ist mir wichtig, dir zuvor noch ein paar wichtige Basisgedanken zu vermitteln.

Wir haben einen Hang dazu, negative Gefühle mit ungesundem Essen zu regulieren. Das funktioniert, ist aber die häufigste Ursache für Übergewicht und ernährungsbedingte Krankheiten. Hast du dich schon einmal gefragt, weshalb schwierige Dinge nicht selten beim Essen besprochen werden? Weil essen gute Gefühle erzeugt, und genau das brauchen wir, um dem trüben Wetter eines schwierigen Gesprächsinhalts etwas entgegenzusetzen. Nach meiner Beobachtung sind Kuchen, Schokolade, Eis und Ähnliches aus unserer Gesellschaft nicht wegzudenken, solange wir uns nicht die Fähigkeit aneignen, negative Gefühle direkt loszulassen.

Der gelegentliche Griff zur Schokolade ist also kein unnötiges oder dummes Verhalten. Im Gegenteil: Er ist eine Möglichkeit, sich selbst vor der immer wiederkehrenden Negativität zu schützen.

Wir sollten aufhören, uns Vorwürfe zu machen, wenn wir in Stresssituationen zu Schokolade greifen.

Denn wenn wir uns über uns selbst aufregen, fällt der eigentliche Nutzen der Süßigkeit weg – nämlich der, positive Gefühle zu erschaffen, um das, was im Moment an Negativität da ist, zu verändern. Stattdessen verstärken wir das Negative noch, indem wir auf uns herumhacken.

Das muss nicht sein: Ich stelle dir hier verschiedene Möglichkeiten vor, um negative Gefühle loszuwerden. Eine davon ist die Sonnenmeditation, die mein Partner Karem ins Leben gerufen hat. Sie ist aus meinen Seminaren gar nicht mehr wegzudenken. Mit der Sonnenmeditation kannst du in kurzer Zeit ein positives Gefühl kreieren. Sie dauert nur zwei Minuten und kann mit etwas Übung überall ausgeführt werden. Mach gleich einmal mit!

Die Sonnenmeditation: die Glückshormone wecken

Das menschliche Energiesystem reagiert sehr gut auf Visualisierungen. Die Sonnenmeditation besteht aus drei einfachen Elementen, die eine kraftvolle Wirkung haben. Durch die Sonnenmeditation weitet sich dein Energiesystem, dein Energiefluss steigt an, Glückshormone werden ausgeschüttet und vertreiben so die eben noch vorhandenen negativen Gefühle.

Übung:
Die Sonnenmeditation

1. Sieh in der Mitte deiner Brust eine gelbe Sonne. Die Sonne dehnt sich langsam aus und strahlt in deinen ganzen Brustbereich hinein. Sie wird immer größer.
2. Schau die wachsende Sonne an und lächle ihr zu. (Dazu ziehst du die Mundwinkel wirklich nach oben.)
3. Während du die Sonne anlächelst, siehst du über dir einen strahlend blauen Himmel. (Nun kannst du das Gesicht entspannen und innerlich weiterlächeln.)

Mein Tipp

Wenn du das nächste Mal zur Schokolade greifen möchtest, nimm dir zuerst zwei Minuten und führe die Sonnenmeditation durch. Die Chance ist groß, dass du die Schokolade dann nicht mehr brauchst. Und wenn doch, kannst du sie umso besser genießen.

Ich erlebe immer wieder Menschen, die Mühe damit haben, ihre Gefühle bewusst zu verändern. Sie glauben, dass es künstlich wäre, dies zu tun. Das ist es nicht. Denn unbewusst steuern wir unsere Gefühle sowieso. Ich spreche davon, wirklich etwas zu verändern und dabei die

Energien zu transformieren. Ich spreche nicht von nervigem Dauergrinsen, das ich zum Beispiel bei gewissen Verkäufern sehe. Dies ist nicht mehr als ein Verziehen des Gesichts, um freundlich zu wirken. Nimmt man die Energie darin wahr, so fühlt es sich an wie ein Krampf. Das geschieht, wenn der Verkäufer es nicht schafft, das Gefühl auch richtig zu fühlen. Das Innen passt nicht zum Außen. Wir Menschen haben ein Gespür dafür, ob die Mimik eines Menschen mit seinem aktuellen Gefühl übereinstimmt oder nicht. Wenn nicht, fühlen wir uns manipuliert.

Wir sind einen Großteil des Tages damit beschäftigt, gute Gefühle zu kreieren. Essen und trinken, neue Kleidung, Schmuck oder Ähnliches kaufen, fernsehen, spazieren gehen, Musik hören und vieles mehr – alles dient dazu, positive Gefühle zu erzeugen. Denn mit positiven Gefühlen geht es uns gut, und das ist es, was wir im Leben anstreben: möglichst viel Zeit, in der es uns gut geht.

Ein Besuch bei Freunden, bei dem wir uns unwohl fühlen, war in unseren Augen kein schöner Abend. Ein Besuch, bei dem wir uns gut unterhalten und viel gelacht haben, bringt uns auch im Nachhinein noch zum Schmunzeln. Positive Erlebnisse sind Ressourcen, die uns ermöglichen, in kurzer Zeit positive Gefühle zu empfinden. Doch leider bleiben sie nicht für immer.

Für unseren Neubeginn heißt dies: Negative Gefühle werden kommen. Je besser ich darauf vorbereitet bin, desto schneller werde ich sie wieder los und kann mich dem zuwenden, was es zu tun gibt, damit mein Neubeginn ins Rollen kommt. Das ist wahres Schöpfersein.

Vom Opfer zum Schöpfer werden

Ein Schlüsselerlebnis war für mich die Betrachtung von Emotionen aus energetischer Sicht. Um diese Unterscheidung vorzunehmen, musst du keine besonderen Fähigkeiten haben. Dazu ist jeder in der Lage, denn wir fühlen die Energien unserer Gefühle den ganzen Tag über. Ich unterscheide drei Ebenen von energetischen Bewegungen, die in Gefühlen stecken. Um diese Energie zu beschreiben, habe ich für jede Ebene einen charakteristischen Vertreter ausgewählt.

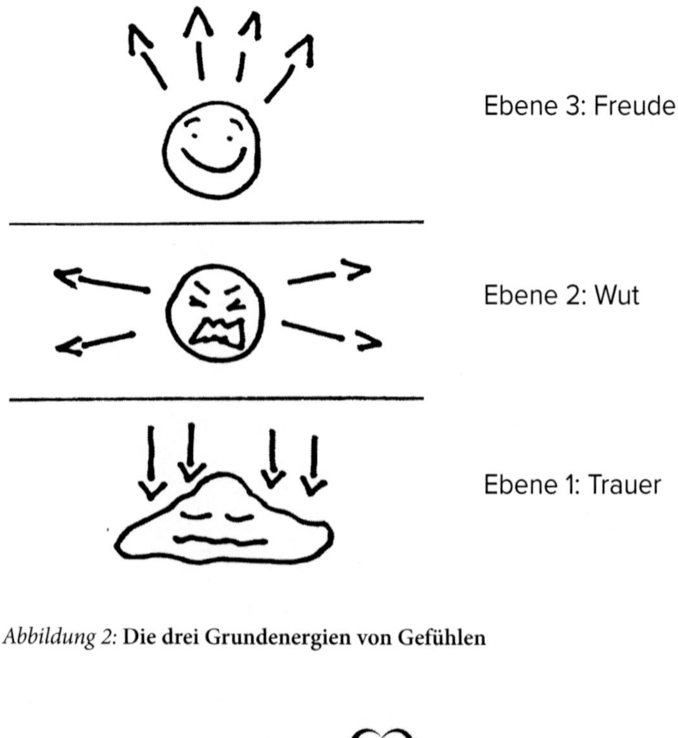

Abbildung 2: **Die drei Grundenergien von Gefühlen**

Die Ebene der Trauer bildet die unterste Ebene. Diese Emotionen rauben uns Energie. Sie fühlen sich schwer an. Es kann so weit gehen, dass sie wie Gewichte auf uns lasten und unser Leben zäh und mühsam werden lassen. Jede Bewegung wird zur Anstrengung und am Ende sind wir nicht mehr fähig, aus dem Haus zu gehen. In Phasen tiefer Trauer sind wir deshalb nicht mehr in der Lage, normal zu funktionieren. Wer einen Menschen mit depressiven Neigungen kennt, hat vielleicht schon empfunden, dass dieser Mensch schwerer wirkt, als er ist. Das ist eine Beobachtung seines Energiefeldes, das viel Schwere in sich trägt.

Die zweite Ebene ist die Ebene der Wut. Sie führt dazu, dass sich unser Energiefeld explosionsartig ausdehnt. Auf einen Schlag kommt ganz viel Energie - so viel, dass wir manchmal Mühe haben, sie zu kontrollieren. Da kann es schon mal geschehen, dass wir laut werden oder unüberlegte Dinge tun. Das hat mit diesem plötzlichen Energieanstieg zu tun, der nicht leicht zu beherrschen ist.

Die dritte, oberste Ebene ist die Ebene der Freude. Freude ist ein erhebendes Gefühl. Wir werden von der Energie getragen. Dieser energetische Auftrieb bringt eine Menge positiver Nebeneffekte mit sich. Wir fühlen uns leicht, frei, weit und erfüllt. Etwas aus der Freude heraus zu tun, ist wunderschön. Darum versuchen wir, diesen energetischen Level möglichst oft zu erreichen.

Das Zusammenspiel der drei Ebenen

Besonders in Phasen der energetischen Schwere, wenn wir traurig, deprimiert oder lethargisch sind, sehnen wir uns nach dem Auftrieb der Freude. Der energetische Sprung von Trauer zu Freude ist jedoch riesig, so als wollten wir vom Boden mit einem Satz auf einer zwei Meter hohen Mauer landen. Versuchen und scheitern wir zu oft, spüren wir Ohnmacht, ein Gefühl, bei dem gar nichts mehr geht. Zum Glück lässt uns das Universum da nicht hängen, sondern zeigt uns immer wieder Möglichkeiten auf, sehr schnell zu sehr viel Energie zu kommen. Dies tut es, indem es Situationen schafft, in denen wir uns aufregen.

Hast du schon einmal bemerkt, dass dir die Mitmenschen gerne Platz machen, wenn du glücklich und zufrieden eine belebte Straße entlanggehst? Wenn du dich aber nicht gut fühlst, laufen sie in dich hinein, stehen dir im Weg und womöglich treten sie dir noch auf den Fuß. Das alles sind Möglichkeiten, um dich aufzuregen und dadurch zu einem neuen und besseren Energielevel zu finden.

Das heißt jedoch nicht, dass wir die Wut, die dann aufsteigt, ausleben und um uns schlagen sollen. Etwas Wut bringt auch Mut. Das weiß man beim Militär schon lange. Deshalb schreien sie dort ihre Soldaten an, um sie etwas wütend und damit auch mutig zu machen. Diese Energieebenen braucht es für einen Kampf. Wären alle Soldaten tieftraurig oder gar depressiv, würden sie gar nicht erst anfangen zu kämpfen. Wären alle glücklich und zufrieden, so würden sie dem Gegner eher in die Arme fallen und mit ihm einen Kaffee trinken wollen, als zu kämpfen.

Auf unseren Neuanfang übertragen bedeutet dies: Um für deine Anliegen einstehen zu können, braucht es auch die Ebene der explosiven Energie-Gefühle. Deshalb ist es wichtig, Wut als das zu nehmen, was sie ist: eine Möglichkeit, Energie und Mut zu tanken. Mut und Wut generieren so viel Energie, weil sie im Bauch entstehen. In vielen spirituellen Traditionen wird von „Energiezentren“ gesprochen, die den physischen

Körper stützen und am Leben erhalten. In Indien werden diese Zentren „Chakren" genannt. Es werden sieben Hauptzentren beschrieben und eins davon befindet sich im Bauch. Es heißt *Manipura-Chakra* und steht für unsere Lebensenergie. Ihm wird die Farbe Hellgelb zugeordnet als Zeichen, dass es wie eine Sonne strahlt und Energie verbreitet.

Konzentrieren wir uns in Momenten der Wut auf die Energie, die sich bei diesem starken Gefühl im Bauchraum ausdehnt, so entsteht gleichzeitig auch Mut. Wenn nun dieser Mut wächst, so verschwindet die Wut langsam und zurück bleibt ein erhebendes Gefühl. Dieses erhebende Gefühl von Mut und Selbstvertrauen kann mit einem Lächeln in Freude verwandelt werden. Damit befinden wir uns, ohne es bemerkt zu haben, im positiven Bereich drei, der Freude.

Eine weitere Möglichkeit, wie uns das Universum in Momenten der Trübsal unterstützt, hat mir einmal eine Freundin sehr treffend beschrieben.

Beispiel: Die Treppe runtergefallen – fast

„Vor einer Woche wollte ich mit dem Zug nach Zürich fahren. Ich lief den Bahnsteig entlang und hing dabei trüben Gedanken über meine Arbeit nach. Ich fühlte mich ohnmächtig und ausgeliefert, da es bei der Arbeit einige Probleme gab, die auf mich zukamen und denen ich mich nicht gewachsen fühlte. Als ich um die Ecke bog, um eine Treppe hinunterzusteigen, stolperte ich und konnte mich gerade noch am Geländer festhalten. Im ersten Moment erschrak ich fürchterlich (plötzlicher Energieanstieg), und im zweiten Moment war ich einfach nur glücklich und dankbar, dass nichts weiter passiert war (Energie der Leichtigkeit). Meine trübe Stimmung war wie weggeblasen, und ich war sogar etwas zuversichtlicher, dass sich die Situation bei der Arbeit irgendwie lösen würde. Ich fühlte mich mutiger und mein positives Ich-Gefühl war wiederhergestellt.

Es muss also nicht immer die Wut sein – es gibt noch andere Gefühle wie hier die Ohnmacht und die Trübsal, die in ihrer energetischen Wirkung damit verwandt sind.

Die energetische Qualität der Gefühle

Um dir das Spektrum der Emotionen auf den drei Ebenen noch etwas deutlicher zu machen, habe ich eine kleine Liste zusammengestellt:

Energieraubende Gefühle:
Unsicherheit, Zweifel, Befürchtungen, Enttäuschung, tiefe Ängste, Trauer, Schuldgefühle, Depression, Resignation und Ohnmacht

Gefühle, die uns Energie zur Verfügung stellen und uns in Bewegung setzen:
Langeweile, Ungeduld, Genervtsein, Erschrecken und die Angst vor dem Erschrecken, Wut bis Raserei

Gefühle, die uns Auftrieb schenken:
Gelassenheit, Zufriedenheit, Genuss, Vertrauen, Leichtigkeit, Freude, Glück bis Glückseligkeit

Diese Liste ist nicht vollständig. Sie soll dir nur helfen zu erkennen, auf welcher Energieebene du dich gerade befindest und dir damit die Chance geben, wenn nötig auszusteigen. Auf viele der genannten Gefühle stoßen wir immer wieder, wenn wir uns in einen Neuanfang begeben. Aus diesem Grund ist es hilfreich, unsere Gefühle immer bewusster wahrnehmen und entscheiden zu können, wie wir uns fühlen wollen.

Einige Emotionen können sich auf dem Weg zum Neuanfang als besonders hinderlich erweisen. Deshalb möchte ich auf diese detaillierter eingehen. Es sind Befürchtungen, Ängste und Sorgen.

Raus aus der Angst

Erinnerst du dich an den großen Einfluss, den das Unterbewusstsein auf dein Tagesbewusstsein ausübt (Wasser im Bodensee im Verhältnis zum Wasser in deinem Körper)? Fühle ich eine Angst, reicht es nicht aus, mir einzureden, dass sie nicht da sei. Es nutzt nichts, sie wegzudrücken oder zu überspielen. Automatisch entsteht der Wunsch nach Sicherheit und Kontrolle. Mein Verstand glaubt, dass er die Angst mit diesen beiden Elementen besiegen kann. Doch auch das ist nicht möglich. Das Einzige, was gegen Angst hilft, ist echtes Vertrauen.

Auch wenn eine reelle Gefahr droht, ist es nicht nötig, sich von der Angst überwältigen zu lassen. Das führt nur zu einem Anstieg des Risikos und der Gefahr. Ein Leben ohne Angst – geht das? Viele Menschen denken, dass sie ohne Angst nicht überleben würden. Das ist ein Märchen, jedoch eines, das beharrlich von Generation zu Generation weitergegeben wird und uns daran hindert, voll und ganz in unsere Kraft zu kommen. Es existieren viele Bücher und Theorien über das Thema Angst. Ich beziehe mich hier auf meine eigenen Beobachtungen und Erfahrungen.

Angst ist eine Emotion mit einer beunruhigenden Energie. Erinnere dich einmal an eine Situation, in der du richtig Angst hattest. Wie hat sich das angefühlt? Konntest du noch klar denken? Nach meiner Erfahrung fühlen sich Ängste äußerst unangenehm an und vernebeln zudem das Denken. Dadurch verlieren wir den Überblick und wissen nicht mehr, was richtig und falsch ist. Oft treffen wir aufgrund einer Angst eine falsche Entscheidung und werden so manipulierbar.

Wenn Angst sehr stark wird, lässt sie uns erstarren. Dann werden wir ganz und gar handlungsunfähig. Hat jemand zum Beispiel große Prüfungsangst, dann ist die Wahrscheinlichkeit, dass er eine Prüfung nicht besteht, viel höher als bei jemandem, der diese Angst nicht hat. Es ist eine Art Resignation oder Selbstaufgabe, die schädliche Folgen für den eigenen Körper und unsere Energien nach sich zieht. Lässt man bei anstehenden Entscheidungen die Angst los, stellt sich Klarheit ein. Ein Mensch, der bei klarem Verstand ist, kann sich vernünftig entscheiden, auf seine Intuition hören und die notwendigen Maßnahmen einleiten.

Viele Menschen glauben, wenn man keine Angst hätte, würde man Gefahren nicht richtig einschätzen können und dadurch zum Beispiel sein Leben gefährden. Diese Ansicht ist weit verbreitet und tief in unserer Gesellschaft verankert – dennoch ist sie nicht richtig. Denn wenn ich einen klaren Verstand habe, kann ich jede Situation mit meiner Intuition richtig einschätzen. Warum? Schauen wir uns das etwas genauer an.

Beispiel: Angst macht unsicher

Eine Gruppe fährt gemeinsam Ski. Für eine Frau ist das Fahrtempo zu schnell. Sie bekommt Angst vor der Geschwindigkeit, hat aber auch Angst, etwas zu sagen, weil sie nicht zugeben kann, dass sie gerne langsamer fahren möchte. Sie geht davon aus, dass sie den anderen sonst den Spaß verderben würde.

Diese Kombination einer doppelten Angst verursacht immense innere Turbulenzen. Die Gefühle überschlagen sich und bewirken, dass die Frau nicht mehr klar denken und handeln kann. Die reelle Gefahr, dass sie stürzt und sich verletzt, ist in diesem Moment hundertmal höher als beim Rest der Gruppe. Deshalb hilft Angst nicht weiter.

Nur weil jemand keine Angst vor Höhe hat, springt er nicht gleich von der nächsten Brücke. Es ist nicht die Angst, die uns davon abhält, sondern die Einschätzung der Situation. Dazu braucht es einen klaren Verstand. Das Leben ist voller Gefahren, die wir tagtäglich mit Leichtigkeit meistern. Eine reelle Gefahr bringt uns in der Regel nicht in Schwierigkeiten, solange wir klar denken können und somit richtig handeln.

Beispiel: Die heiße Herdplatte

Wenn du als Kind einmal auf eine heiße Herdplatte gefasst und dabei gelernt hast, dass das ausgesprochen schmerzhaft ist, bedeutet das nicht unbedingt, dass du nun ein Leben lang Angst vor Herdplatten haben musst. Du hast eine Gefahr erkannt und kannst nun klar unterscheiden, wie du mit einem Herd umgehst und wie besser nicht. Es braucht kein Gefühl der Angst, sondern klares Verstehen.

Angst ist ein Wegweiser, und dieser sagt mir nur eines: *Schau hin, da ist dir etwas wichtig. Dem solltest du mehr Beachtung schenken.*

Aus Ängsten kann man allerlei herauslesen. Die folgenden Fragen stammen aus meiner Erfahrung mit meinen eigenen Ängsten, aus Coachings und von Teilnehmern meiner Ausbildung:

- Habe ich zum Beispiel Höhenangst, also Angst um mein Leben, so kann ich mich fragen: *Lebe ich richtig? Ist dies das Leben, das ich wollte?*
- Habe ich Angst um meinen Partner, weil er spät nach Hause kommt, was bedeutet, ich habe Angst ihn zu verlieren, so frage ich mich: *Nehme ich meinen Partner genug wichtig? Gebe ich ihm den Respekt und die Liebe, die er verdient?*
- Ängstige ich mich im Dunkeln, sprich, habe ich Angst vor dem Unbekannten, so frage ich mich: *Habe ich in meinem Leben den Durchblick verloren? Kann ich meine Herzenswünsche klar erkennen? Vertraue ich meinem Leben?*

Diese Fragen und ähnliche haben eines gemeinsam: Sie bringen dich heraus aus der Opferrolle und machen dich, wenn du ihnen nachgehst, wieder zum Schöpfer deines Lebens. Indem du die Verantwortung für deine Gefühle, deine Gedanken und dein Handeln übernimmst, kommst du zurück in deine Mitte.

Die Trauer überwinden

Das Gefühl der Trauer will mir sagen, dass ich in einer Sackgasse gelandet bin und es hier für mich nicht weitergeht. Häufig wollen wir das nicht wahrhaben. In der Hoffnung zu verstehen und etwas zum Guten wenden zu können, stellen wir uns stattdessen Fragen wie: *Warum ich? Wieso jetzt? Was habe ich getan, dass es so geendet ist?*

Der Verstand sucht nach Kontrolle, die er aber nicht finden wird. Denn wer den Verstand schon mal beobachtet hat, der weiß, dass es unzählige Möglichkeiten gibt, an denen man herumdenken kann. Und je mehr man denkt, desto mehr Varianten ergeben sich.

Die wohl bekannteste Frage, die wir alle direkt oder indirekt kennen, ist: *Warum hat er/sie mich verlassen?* Das Nachdenken darüber bringt keine Ruhe, sondern weitere Unsicherheiten.

Wenn eine Erkenntnis kommen soll, dann kommt sie rasch, spontan und ungefragt. In solchen Momenten weißt du dann einfach, wieso etwas so ist, wie es ist. Wenn das nicht geschieht, hat es keinen Sinn, zu viel Energie darauf zu verwenden.

Die richtige Frage wäre: *Wie komme ich aus meiner Trauer heraus?* Das löst mich aus der Opferhaltung und bringt mich in eine zukunftsorientierte und selbstbewusste Stimmung, in der ich die Zügel in der Hand halte. Auch wenn es schwerfällt, nicht in Selbstmitleid zu versinken, so ist es dennoch ein wichtiger Schritt, um die Trauer hinter sich zu lassen.

Selbstmitleid ist immer eine Opferhaltung. Wenn ich zum Beispiel einen Fehler gemacht habe und die Verantwortung für mein Tun übernehme, geht das Leben weiter. Niemand ist unfehlbar, und zu stolpern gehört zu jedem Neubeginn dazu. Mein Lieblingszitat dazu ist der bekannte Spruch: „Hinfallen, aufstehen, Krone richten, weitergehen!“

Hinfallen, aufstehen, Krone richten, weitergehen!

Dieser Spruch trägt eine schöne Portion Humor in sich. Humor ist wichtig, um innerliche Distanz zum Thema zu schaffen. Das nimmt Druck raus aus der Situation, aus meinem Geist und aus meinem Körper. Mich selbst nicht allzu ernst zu nehmen, ist ein guter Weg, um immer wieder Leichtigkeit in meinen Neubeginn zu bringen. Was mir an dem Spruch noch gefällt, ist die Tatsache, dass es nicht darum geht, die Krone abzugeben. Das heißt, wir haben uns trotz des Rückschlags nicht zum Opfer der Umstände gemacht, sondern sind immer noch die Schöpfer unseres Lebens.

Der Wechsel vom Opfer zum Schöpfer ist einfacher zu bewältigen, wenn ich mein positives Ich-Gefühl stärke.

In der Opferrolle bin ich selbst noch nicht o.k., so wie ich bin. Bei Wut, Angst und Trauer wächst der Wunsch nach Anerkennung und Hilfe von außen. Es entsteht ein Bedürfnis nach Kontrolle und nach Sicherheit und der Wunsch, dass andere es für mich richten sollen. Die aus dem Unterbewusstsein aufsteigenden Gedanken bestärken diese Haltung mit Sätzen wie:

- Die andern sollen sehen, wie schlecht es mir geht.
- Wären die anderen nicht so gemein, ginge es mir besser.
- Wenn die anderen mehr auf mich achten und in meinem Sinne handeln würden, hätte ich es nicht so schwer.

Um zum Schöpfer/zur Schöpferin zu werden ist es wichtig zu verstehen, dass diese inneren Sätze dich in der Opferhaltung verankern. Denn man gibt „den anderen" die Macht über das eigene Leben. Stell dir einmal vor, wo du hinkämst, wenn du immer auf die Initiative anderer Menschen warten würdest. Nur durch Eigeninitiative und mutiges Handeln nimmst du dein Leben selbst in die Hand.

Hilfe annehmen können

Wenn wir uns also auf die eigene Kraft konzentrieren, dann hören wir auf, auf die Initiative der anderen zu warten. Da wirst du vielleicht innerlich aufhorchen und sagen: „Ich habe es ja gewusst, ich muss mich zusammenreißen und alles alleine schaffen können." Und schon sind wir wieder einem Irrtum unterlegen. Manchmal braucht der Mensch das

Gegenteil von dem, was er glaubt. Gerade beim Thema Hilfe annehmen entstehen gerne Verwirrungen darüber, was das Richtige ist. Soll ich jetzt Hilfe annehmen oder soll ich es alleine machen? Dazu gibt es eine einfache Faustregel: *Wenn du immer alles alleine machen musst, braucht es Mut, Hilfe von anderen annehmen zu können. Wenn du aber immer um Hilfe bittest und diese auch erwartest, braucht es Mut, es auch einmal alleine zu schaffen.* Generell gesprochen freuen wir uns über jede Hilfe. Wenn wir aber ständig Hilfe einfordern, vertrauen wir unseren eigenen Fähigkeiten zu wenig.

Hilfe annehmen zu können ist energetisch gesehen eine der schönsten Handlungen überhaupt. Ich gehe vertrauensvoll meinen Weg und wenn sich mir von alleine Hilfe anbietet, kann ich von Herzen Ja dazu sagen. So zeigen wir dem Universum, dass wir vertrauen und bereit sind, uns auf wundervolle und überraschende Weise unterstützen zu lassen. Wenn du alleine vieles probiert hast und nicht weiterkommst, oder sogar eine intuitive Ahnung hast, dass es gut wäre, um Hilfe zu bitten, ist es richtig, das zu tun.

Hilfe anzunehmen ist für viele keine Selbstverständlichkeit. Oft weisen wir im Alltag unnötig Hilfe zurück und bremsen so den Fluss der Positivität. Ein Beispiel: Du stehst unten in einem Treppenhaus und hast schwer zu tragen. Ein Nachbar bietet dir seine Hilfe an, um deine prall gefüllten Einkaufstaschen die Treppe hochzubringen. Wie fühlt sich der andere, wenn wir antworten: „Nein, nein, danke, es geht schon." Es hinterlässt ein ungutes Gefühl bei ihm und auch bei dir selbst, denn du weißt innerlich, dass du dich gerade von der Energie des Empfangens abgeschnitten hast. Du sagst der Seelenebene damit, dass du keine Hilfe annehmen möchtest, weil du alles allein schaffen möchtest. Dieses Verhalten ist tief in uns verwurzelt, und das ist umso erstaunlicher, da wir uns alle nach Unterstützung sehnen. Hilfe annehmen kann trainiert werden.

Eine gute Übung, um Muster zu durchbrechen, die Hilfe blockieren, ist die folgende.

Übung:
Hilfe annehmen

Nimm zwei Wochen lang jede Hilfe an, die dir angeboten wird, auch wenn du es allein hättest schaffen können. Damit signalisierst du dem Fluss des Lebens, dass er willkommen ist und dich bei deinem Neubeginn gern unterstützen darf. Ich schreibe absichtlich *darf*, denn wie viel Unterstützung wir von unserer Seelenebene erhalten, hängt nicht davon ab, wie viel diese höhere Intelligenz zu geben bereit ist, sondern inwieweit wir bereit sind zu empfangen und zu vertrauen.

Eine Schöpferin/ein Schöpfer des Lebens stärkt das Vertrauen in sich selbst und setzt auf seine Verbundenheit zur Seele. Er vertraut dieser höheren Intelligenz und weiß, dass diese Welt ein guter Ort ist, der ihn in seinen Vorhaben unterstützt. Ein Schöpfer ist sich bewusst, dass jeder Mensch seine eigene Sicht der Dinge hat. Er übernimmt die Verantwortung für seine Gefühle, indem er sich fragt, was ihm die Wut, die Angst oder die Trauer sagen will. Er erkennt seine versteckten Wünsche darin, die Verantwortung zu delegieren. Fällt er mal in die Opferrolle, geht er liebevoll mit sich um. Er lässt destruktive Gefühle los und geht weiter seinen Weg. Ein Schöpfer/eine Schöpferin richtet liebevoll seine bzw. ihre Krone und geht weiter.

Das Herz öffnen

Unser Herz zu öffnen ist eine der wichtigsten Übungen überhaupt. Ein offenes Herz macht Platz für das Licht der Seele und ist die Basis für wohlwollende, zwischenmenschliche Begegnungen.

Die Herzöffnung nach außen

Gerade Frauen haben das Herz fast immer nach außen hin geöffnet. Damit nehmen sie über den inneren Spürsinn wahr, wie es ihren Mitmenschen geht. Dies ist vor allem wichtig, wenn eine Frau Kinder hat. Da wir hinten keine Augen haben, fühlen wir in diese Richtung und können intuitiv erspüren, ob mit dem Kind alles in Ordnung ist. Wie das Denken hat sich auch diese Art des Fühlens mit den Jahren verselbstständigt. Mütter spüren nicht nur ihre Kinder, sondern auch ihren Mann, ihre beste Freundin, die Bürokollegin, den Chef und alle anderen, die mit ihnen im Zug unterwegs sind. Das führt zu einer Überlastung und zu einem Durcheinander. Viele Menschen wissen nicht mehr, ob sie sich selbst spüren oder den Rest der Welt. Manche sprechen in diesem Zusammenhang von Hypersensibilität und der Aufnahme von Fremdenergien. Sie wissen aber nicht, dass sie diese Fremdenergien aktiv in sich hineinholen und keinesfalls deren Opfer sind.

Beispiel: Empathie für den Rest der Welt

Wenn meine Chefin morgens im Krankenhaus auf der Abteilung erschien, spürte ich sofort, wenn sie schlechte Laune hatte. Doch nicht nur ich spürte das, sondern alle andern Krankenschwestern meines Teams auch. Viele waren verunsichert. Sie fragten sich, ob sie etwas falsch gemacht hatten, und produzierten damit Schuldgefühle.

Diese Verunsicherung in meinem Umfeld führte dazu, dass ich manchmal kaum mehr in der Lage war, mich auf die Arbeit zu konzentrieren. Ich war innerlich aufgewühlt und wusste nicht einmal, wieso. Und das nur, weil ich aus Gewohnheit mein Herz nach außen hin geöffnet hatte und alles wahrnahm, was bei meinen Mitmenschen emotional ablief.

Es ist ganz wichtig, die Herzöffnung nach außen regulieren zu können. Wenn du das beherrschst, kannst du dich besser abgrenzen, bist mehr bei dir und spürst deine eigenen Bedürfnisse.

Übung: Regulierung der eigenen Herzöffnung

- Schließe deine Augen und stell dir einen lieben Menschen vor, wie er etwa anderthalb Meter vor dir steht.
- Öffne dein Herz nach außen und nimm wahr, wie sich das anfühlt. Du solltest Freude und/oder eine leichte Unruhe spüren.
- Stell dir mal vor, wie dieser Mensch genervt ist und nimm wahr, was es mit dir macht. Stell dir vor, dass dieser geliebte Mensch gute Laune hat und nimm wahr, wie sich das anfühlt.
- Um das Gefühl mit der nächsten Übung vergleichen zu können, merke dir, welche Wirkung die Herzöffnung nach außen auf dich hat.

Die Herzöffnung nach innen

Das Herz kann auch nach innen geöffnet werden. Damit öffnet es sich dem eigenen Raum der Seele. Das ist ein ruhiger, liebevoller Ort. Diese Herzöffnung bringt uns dem Kern der Seele näher.

Weil die Seele mit allem verbunden ist, fühle ich mich nicht von anderen getrennt. Das Herz hat die Möglichkeit, sich unendlich weit zur Seele hin zu öffnen. Deshalb ist die Herzöffnung nach innen ein lebenslanger Prozess, der nicht endet und mit wachsender Tiefe an Schönheit zunimmt.

Die Herzöffnung nach innen fördert die Selbstliebe und das Vertrauen in die eigenen Fähigkeiten. Sie führt dich näher zu dir selbst und schenkt dir die Gabe, deinen Weg klarer zu sehen und gehen zu können. Dann bist du nicht mehr dem Strudel der Gefühle anderer ausgeliefert.

Übung

Schließe erneut deine Augen und stelle dir den lieben Menschen aus der vorherigen Übung vor, wie er im gleichen Abstand vor dir steht.

- Habe die Absicht, die Öffnung nach außen zurückzunehmen, um sie nach innen in Richtung deines Herzraums zu öffnen. Ein kleiner Impuls genügt, und es fängt an. Entspanne dich dabei. Als Richtung kann man ein „nach hinten öffnen“ wahrnehmen.
- Spüre nach, wie sich das anfühlt.
- Nimm nun von da aus den selben geliebten Menschen wahr, wie zuvor bei der Herzöffnung nach außen.
- Nimm auch hier war, wie es sich anfühlt, wenn dieser Mensch genervt ist und wie es sich anfühlt, wenn er sich freut.
- Spüre den Unterschied zur Herzöffnung nach außen und mach einen Vergleich.

Öffnen wir das Herz nach innen, so stellt sich eine tiefe Ruhe ein und auch eine kleine Distanz. Diese Distanz ist wichtig, um den Kontakt zu uns selbst nicht zu verlieren. Wenn wir aus dieser inneren Ruhe heraus den geliebten Menschen betrachten, so entstehen eine tiefe Verbundenheit und eine subtile Freude. Wir sind nicht mehr so schnell dabei, dem anderen gefallen zu wollen oder energetisch auf ihn zuzugehen, um Einfluss zu nehmen, denn wir fühlen, dass es ihm und uns nicht gut tut. Bei der Herzöffnung nach innen fühlt es sich eher an wie: *Du bist bei dir, und ich bin bei mir, und das ist in Ordnung.* Dies ist der energetische Unterschied zwischen Mitleiden und Mitfühlen.

Die Herzöffnung nach außen hat auch ihre Berechtigung. Wir vollziehen sie zum Beispiel bei der Umarmung eines lieben Menschen und um in der Partnerschaft Liebe auszutauschen. Die Herzöffnung nach außen sollte jedoch nicht generell, sondern bewusst und punktuell eingesetzt werden. Denn wir nehmen sonst auch die negativen Gefühle der anderen direkt wahr, als wären es unsere eigenen. Dadurch werden wir unruhig und verbrauchen unnötigerweise unsere Energie.

Nun, da du das weißt, möchte ich noch einmal an dein Mitgefühl dir selbst gegenüber appellieren. Vielleicht hast du, weil du es nicht besser wusstest, jahrelang unter den Gefühlen anderer gelitten und möchtest dies nun sofort ändern. Bitte gib dir Zeit für diese Umstellung und sei nett zu dir, wenn du dich dabei erwischst, mehr bei den anderen als bei dir selbst zu sein. Was wir über dreißig, vierzig oder fünfzig Jahre lang gelebt haben, drehen wir nicht in einer Woche um. Daran dürfen wir uns immer wieder erinnern und uns Zeit lassen.

Dein Potenzial entfalten mit der Quantenheilung

In diesem Kapitel möchte ich dich in die Zwei-Punkte-Technik nach *Matrix Live* einführen, damit du diese wunderbare Möglichkeit für deinen Neubeginn nutzen kannst. Dazu betreten wir die Welt der Quantenheilung und Energiearbeit. Damit diese Welt einfach und verständlich bleibt, folge ich einem bestimmten Ablauf:

1. Zuerst erläutere ich ein paar Begrifflichkeiten, um dir ein Verständnis des Hintergrundes zu geben, auf dem die Zwei-Punkte-Technik aufgebaut ist.
2. Es folgen einige Übungen, die dich auf die Anwendung der Zwei-Punkte-Technik vorbereiten.
3. Weiter gebe ich dir Hinweise und Tipps, wie du das Gelernte für deinen Neubeginn im Alltag einsetzen kannst.

In der Welt der positiven Veränderung über die Energie und das Bewusstsein existieren vielerlei Techniken und Wortschöpfungen. Hinter jeder Wortschöpfung steckt eine eigene Energie und eine Geschichte.

Quantenheilung: Manchmal hört man, die Quantenheilung sei eine Anwendung aus der Quantenphysik, aber das trifft nicht zu. Die Quantenphysik wird lediglich als Metapher verwendet. In der Physik werden *Quanten* mit Licht und damit mit sehr kleinen Schwingungen gleichgesetzt. In der Meditation, in der Versenkung, kann eine höhere

Schwingung als Licht wahrgenommen werden. Im Yoga und anderen spirituellen Richtungen wird vom Licht des Bewusstseins gesprochen. Dieses Licht kommt von der feinstofflichen Ebene – der Seele. Wenn etwas unausgeglichen ist und es harmonisiert wird, sprechen wir von *Heilung*. Aus dem Gleichgewicht bringen uns zum Beispiel negative Gedanken und Gefühle. Oder wenn wir eine tiefe Verletzung im Herzen tragen und dieses so weit harmonisiert wird, dass wir wieder lieben können.

Der Begriff „Quanten" wurde also mit Licht gleichgesetzt, und für die Harmonisierung wurde das Wort Heilung verwendet. Es ist dasselbe, ob wir von Lichtheilung, Quantenheilung oder Loslassen über die Seelenebene sprechen.

Das Besondere an der Quantenheilung, wie sie *Matrix Live* unterrichtet, besteht darin, dass die Energie, die uns harmonisiert, direkt von der Seele kommt. Diese Energie bewegt sich sehr schnell, ist intelligent und kraftvoll. Sie wirkt lebendig, befreiend und harmonisierend. Ganz oft wird sie auch als schön empfunden, weil sie so leicht und frei ist. Es ist eine Energie, die genau weiß, was sie tut, und die das Potenzial bei jedem Menschen entfalten kann. In der Welt von Yoga und Meditation gibt es bereits viele Studien, die die positiven Effekte auf das Denken, Fühlen und die Körperwahrnehmung zeigen. Zur Quantenheilung existieren bislang nur wenige Studien, weil es, wie gesagt, eine sehr junge Methode ist. Dafür sind die bisher festgestellten Effekte so positiv, dass sich immer mehr Menschen damit befassen.

Matrix: Das Wort Matrix bedeutet Raster, übergeordnetes Gebilde oder Struktur. So wie ich die Welt begreife, sind Seelen nicht alleine, sondern miteinander verbunden. Sie sind Funken eines übergeordneten Bewusstseins, das verschiedene Namen trägt. Die einen nennen es das Göttliche, andere die universelle Liebe, die Quelle, das unendliche Bewusstsein. Wie wir es nennen, ist jedem selbst überlassen, denn es ist eine sehr persönliche Angelegenheit. In jedem Fall handelt es sich dabei um die Kraft der Positivität und der Harmonie.

Diese Seelenebene ist also ein Teil von uns, und wir sind ein Teil von ihr. Wie unser bewusster Wille – das Tagesbewusstsein – ist auch das Unterbewusstsein mit seinem Speicher aller unserer Erfahrungen Teil dieser Struktur. Diese drei Ebenen könnte man zusammen als die Matrix, als übergeordnete Struktur, bezeichnen, die den Aufbau unseres Erlebens der Realität repräsentiert.

Die Zwei-Punkte-Technik: Seit jeher benutzen Menschen ihre Hände und ihr Bewusstsein, um mittels einer Technik positiven Einfluss auf ihr Unterbewusstsein zu nehmen und damit Körper und Geist in Harmonie zu bringen. Über den Erdball verteilt – von China über Indien bis Hawaii – finden wir verschiedene Zwei-Punkte-Techniken. Sie folgen einer langen Tradition und existieren seit Hunderten von Jahren. In jüngerer Zeit wurde das Prinzip dieser Methoden für die westliche Welt entdeckt und von unterschiedlichsten Menschen auf verschiedene Weise eingeführt, sodass wir sie nun nachvollziehen und ausüben können. *Matrix Live* ist also eine von vielen Varianten einer Zwei-Punkte-Technik, die ihren Ursprung in den Naturvölkern dieser Erde hat.

Was bedeutet das für unseren Neubeginn? Es ist hilfreich zu wissen, dass die Quantenphysik sich intensiv mit Licht befasst und dabei auf ähnliche Zusammenhänge stößt wie Menschen, die in der Meditation dem Phänomen des Lichtes nachgehen. Es stärkt unser Vertrauen, wenn wir lesen, dass die Mechanismen und Prinzipien hinter der Technik des Matrixens schon vor sehr langer Zeit entdeckt wurden und seither für viele Menschen einen Teil ihrer Weltanschauung darstellen. Wir können leichter akzeptieren, dass wir mit unseren Händen und unserer Absicht unser Leben positiv beeinflussen können, wenn wir wissen, dass es auf der Welt Kulturen gibt, die dies schon seit sehr langer Zeit praktizieren.

Bei *Matrix Live* haben wir das Wissen und die Erfahrung der alten Kulturen der westlichen Welt angepasst, damit wir diesen Schatz auf einfache Weise für uns nutzen können. Das ist wie beim Autofahren: Wir wollen vor allem von A nach B kommen und müssen lediglich wissen, wie man das Auto fährt. Wir müssen nicht komplett verstanden haben, wie unser Auto aufgebaut ist und funktioniert. Für die Quantenheilung gilt das Gleiche: Das Wesentliche dabei ist, dass wir ins Tun kommen, dass wir lernen, Schöpfer unserer Welt zu werden. Denn nur so können wir unser Leben erfolgreich gestalten.

Was kann ich ändern?

Eine Frage wird mir immer wieder gestellt: „Was kann ich mit der Zwei-Punkte-Technik von *Matrix Live* alles verändern, was kann ich matrixen und was nicht?“ Die Antwort ist: Alles, was mit einem gedanklichen oder emotionalen Konflikt verbunden ist kann durch das Matrixen positiv verändert werden.

Das sind:

- Negative Gedankenstrukturen, Glaubenssätze, Prägungen aus der Vergangenheit, Nervosität, Stress auflösen und positive Strukturen wie Selbstvertrauen, Verbundenheit, Mut und Tatkraft aktivieren
- Negative Emotionen wie Ängste, Zweifel, Befürchtungen auflösen und positive Emotionen stärken
- Der Zustand des physischen Körpers wird durch Gedanken und Gefühle beeinflusst. Aus diesem Grund ist es möglich, auch physische Einschränkungen wie Schmerz, Krankheit oder Unfallfolgen positiv zu beeinflussen und damit die Selbstheilungskräfte zu aktivieren. Körperliche Probleme zu matrixen ist immer als zusätzliche Maßnahme zu den medizinischen Therapien zu sehen und nicht als Ersatz.

Etwas konkreter könnte man auch sagen, dass alles, was in den anfangs beschriebenen zwölf Lebensbereichen ein Thema sein könnte, durch Matrixen positiv verändert werden kann.

Die unterstützende Wirkung des Matrixens findet auf zwei Ebenen statt: Die eine Ebene ist das *Loslassen von Negativität* und die andere die *Energetisierung und Aktivierung von Positivität.* Durch das Loslassen werden im Unterbewusstsein negative Prägungen neutralisiert, sodass sie keinen Druck oder Stress mehr ausüben können. Bei der positiven Energetisierung entsteht das positive Ich-Gefühl. Ich werde mit neuer, positiver Energie versorgt. Ich bin klarer, zentrierter und mehr in meiner Kraft. Mit der Transformation auf diesen beiden Ebenen können sich in den eigenen Lebensthemen tief greifende Veränderungen manifestieren, die sich über Monate oder Jahre auf anderen Wegen nicht lösen ließen.

Beispiel: Tiefes Loslassen

Silvia, Mitte 40, aus Bern fand den Weg in eine meiner Loslass-Meditationen, bei denen ich auch die Matrix-Technik einsetze, um den Prozess des Loslassens zu unterstützen. Ein paar Tage nach dem Meditationsabend gab sie uns folgende Rückmeldung:

„Die letzte Loslassmeditation bewirkte, dass ich endlich begann, meinen Weg zu beschreiten. Die von Anjali liebevoll geführte Meditation wirkte auf mich körperlich spürbar mit sehr kraftvoller Energie. In diesem unterstützenden Energiefeld konnte ich schwerelos ‚einfach sein und alles Schwere loslassen'. Was am nächsten Tag passierte, hätte ich nicht für möglich gehalten. Nach sechsmonatiger Wohnungssuche, vollgepackt mit Zweifeln und Ängsten vor einer neuen Richtung in meinem Leben, fand ich endlich meine Traumwohnung und hatte zwei Tage darauf die Zusage, dass ich dort einziehen konnte. Was monatelang ins Stocken geraten war, ging auf einmal sehr schnell. Die Entschlossenheit war plötzlich da, innerhalb von drei Wochen aus der gemeinsamen Wohnung mit meinem ehemaligen Lebenspartner auszuziehen und mein Leben neu zu starten. Das war der Anfang eines neuen und viel freieren Lebens."

Lass uns jetzt noch gemeinsam ein paar Vorübungen für die Zwei-Punkte-Technik machen.

Die Vorübungen für die Zwei-Punkte-Technik

Mit der Übung „Lichtkugel“ zeige ich dir eine Möglichkeit, wie du Energie mit den Händen wahrnehmen kannst. Du lernst, wie du dein Bewusstsein über die Augen und die Hände steuern kannst. Anschließend gebe ich dir einen Überblick über die Wirkungsweise dieser Technik. Und du lernst zwei kraftvolle Anwendungen kennen: *Emotionen loslassen* und *Wunschenergie* freisetzen.

Übung:
Eine Lichtkugel erschaffen

Diese Übung hilft dir später bei der Zwei-Punkte-Technik, die beiden Punkte intuitiv zu erfassen. Du steigerst deine sensitiven Fähigkeiten und du lernst, mit deinen Händen Energien wahrzunehmen und für dich zu nutzen. Zudem bringt sie dich in Kontakt mit der Kraft deiner Seelenebene. Dabei lassen wir weißes Licht von oben direkt von der Seele in unseren Körper eintreten und über unsere Hände wieder austreten. Mit dem weißen Licht zwischen unseren Händen formen wir einen Lichtball und kommen mit dem Licht der Transformation in Verbindung. Wir können das eigene Energiefeld mit unseren Händen spüren, lernen, ihm zu vertrauen und es im Alltag als Unterstützung zu nutzen.

Grundposition:
Setz dich bequem hin und schließe die Augen. Die Oberarme liegen am Körper an, die Unterarme sind im rechten Winkel gerade nach vorne ausgestreckt. Die Handflächen zeigen zueinander – der Abstand zwischen den Händen beträgt etwa 30 Zentimeter.

Erster Schritt:

1. Stell dir vor, wie ein weißer Lichtstrahl von oben auf dich herabfließt.
2. Das Licht strömt in deinen Kopf und erfüllt den ganzen Innenraum des Kopfes mit diesem weißen Licht. Das Licht strömt weiter in deinen Hals, in deine Schultern, in deine Oberarme, in deine Unterarme, in deine Hände und über die Handflächen und Fingerkuppen fließt es in den Raum zwischen deinen Händen.
3. Der Raum zwischen deinen Händen füllt sich mit dem schönen weißen Licht. Das spürst du durch ein Kribbeln in den Händen, die Luft fühlt sich dichter an als zuvor, und es kann auch warm werden.
4. Du kannst es noch besser spüren, indem du die Hände nun leicht nach innen und außen bewegst. Forme mit der Energie des weißen Lichtes zwischen deinen Händen eine Kugel, die etwa so groß ist wie ein Fußball.

Du kannst dir mit der transformierenden Energie des weißen Lichtes selbst eine Ressource kreieren und damit im gleichen Moment deinen Körper unterstützen. Dies tust du, indem du die positive Energie des weißen Lichtes an einen Ort in deinem Körper schickst, wo sie jetzt gerade gebraucht wird.

Zweiter Schritt:

1. Fülle den Lichtball mit deiner Dankbarkeit, indem du ihn anlächelst und ein paarmal in Gedanken „Danke“ zu ihm sagst. Wünsch dir, dass deine Dankbarkeit in den Lichtball fließt und dass dieser damit aufgeladen wird.
2. Führe die Lichtkugel mit beiden Händen an eine Stelle deines Körpers, wo du im Moment gerade Unterstützung gebrauchen kannst. Nimm sie mit einem „Danke“ an.

Diese Ressource lässt sich durch eine Einfärbung der Energie noch gezielter gestalten. Es ist möglich, das weiße Licht mit einer Absicht zu färben und damit den Körper und die Gefühlswelt noch präziser zu harmonisieren.

Jede Farbe trägt eine bestimmte Energie in sich. Aus meiner Beschäftigung mit Farben und ihren Qualitäten ist die folgende Übung entstanden. Statt die Lichtkugel direkt zu integrieren, lädst du sie zusätzlich mit unterstützenden Farbqualitäten auf und integrierst sie da, wo sie am meisten wirken kann.

Der rosarote Lichtball zur Unterstützung des Herzens

Rosa ist eine Herzfarbe. Das rosarote Licht hilft bei Zweifeln, Sorgen, Ängsten und genereller Enge im Brustraum. Wird das Licht mit den Händen zum energetischen Herz in der Mitte der Brust geführt und somit als Ressource integriert, kann sich die aktuelle Negativität darin auflösen und der Bereich wird harmonisiert.

1. Halte die weiße Lichtkugel in deinen Händen und beginne wie beim vorherigen Schritt damit, Dankbarkeit gegenüber dem Licht zu empfinden.
2. In einem weiteren Schritt fügst du Worte wie Geborgenheit, Mitgefühl und Vertrauen hinzu.
3. Stell dir vor, wie sich die Farbe deiner weißen Lichtkugel dabei rosa einfärbt.
4. Integriere nun dieses rosafarbene Licht in deinen Brustraum, indem du die Lichtkugel mit beiden Händen dorthin führst, und lass das Licht sich dort verteilen und wirken.

Der gelbe Lichtball zur Unterstützung im Bauchbereich

Die Farbe Gelb steht für Mut, Durchsetzungskraft und mehr Energie: Das gelbe Licht hilft gegen Mutlosigkeit, Energiemangel und Bauchbeschwerden jeglicher Art.

1. Halte die weiße Lichtkugel in deinen Händen und beginne wie beim vorherigen Schritt damit, Dankbarkeit gegenüber dem Licht zu empfinden.
2. In einem weiteren Schritt fügst du Worte wie Mut, Durchsetzungskraft und Zuversicht hinzu.
3. Stell dir vor, wie sich die Farbe deiner weißen Lichtkugel dabei hellgelb einfärbt.
4. Integriere nun dieses gelbe Licht in deinen Bauchraum, indem du die Lichtkugel mit beiden Händen dorthin führst, und lass das Licht sich dort verteilen und wirken.

Der blaue Lichtball zur Unterstützung im Kopfbereich

Die Farbe Blau steht für ein Gefühl von Klarheit, innerer Ruhe und Weite. Dieser Lichtball hilft bei Kopfschmerzen, Verwirrtheit und Müdigkeit von zu vielem Denken. Genau wie zuvor mit den anderen Farben, wird der Lichtball mit den Händen zum Kopf geführt und dort als Ressource integriert.

1. Halte die weiße Lichtkugel in deinen Händen und beginne wie beim vorherigen Schritt damit, Dankbarkeit gegenüber dem Licht zu empfinden.
2. In einem weiteren Schritt fügst du Worte wie Klarheit, Ruhe und Weite hinzu.
3. Stell dir vor oder nimm wahr, wie sich die Farbe des Lichts dabei tiefblau einfärbt.
4. Integriere nun dieses blaue Licht in deinen Kopfraum, indem du die Lichtkugel mit beiden Händen dorthin führst, und lass das Licht sich dort verteilen und wirken.

Mein Tipp

Du kannst dir eine Farbe auswählen und diese in einen Lichtball integrieren. Oder du verwendest gleich alle drei Lichtbälle. Wenn du alle drei Farben nacheinander integrieren möchtest, empfehle ich die Reihenfolge Herz, Bauch, Kopf (rosa, gelb, blau). Sie führt nach meinen Erfahrungen zu den besten Ergebnissen.

Den Strahl des Bewusstseins ausrichten

Vielleicht hattest du als Kind eine Taschenlampe, bei der du den Lichtkegel von weit auf eng einstellen konntest. Auf die gleiche Weise kannst du auch dein Bewusstsein von weit auf eng einstellen. Diese Übung hilft dir dabei, deine Wahrnehmung sehr genau zu justieren. Die Übung hat mehrere Vorteile: Du lernst, dich zu fokussieren, kannst besser bei dir bleiben, bekommst mehr Klarheit und lernst, dich schnell zu entspannen.

Auch diese Übung ist gleichzeitig eine Vorbereitung für die Zwei-Punkte-Technik. Grundsätzlich geht es beim Matrixen darum, zwei Punkte gleichzeitig wahrzunehmen – deshalb spricht man von einer Zwei-Punkte-Technik. Das ist wichtig, um unseren Strahl des Bewusstseins ausrichten zu können. Nehme ich nur einen Punkt alleine wahr, ist mein Bewusstseinsstrahl auf diesen Punkt gebündelt. Wenn ich mich auf zwei Punkte gleichzeitig konzentriere, so dehne ich dazu automatisch mein Bewusstsein aus. Dabei entsteht der offene Blick, den du als Übung im folgenden Abschnitt lernst.

Übung:
Der offene Blick

Diese Übung dient zur Schulung der Achtsamkeit über die Augen. Vielleicht kennst du den Test beim Optiker, bei dem das Sichtfeld ermittelt wird. Dabei führt er einen Stift von der Seite nach vorne in dein Sichtfeld, und du musst sagen, wann du den Stift wahrnehmen kannst, ohne den Kopf zu drehen. Dann hast du einen offenen Blick, der aber nicht scharf gestellt ist.

Das kannst du jetzt auch ausprobieren. Während du das Buch anschaust, versuche, so viel Raum wie möglich wahrzunehmen. Dazu musst du deine Aufmerksamkeit entspannen. Du wirst die Buchstaben nicht mehr deutlich sehen, dich aber entspannter fühlen. Diese Art zu schauen verwenden wir beim Matrixen nach *Matrix Live*.

Wir können unsere Aufmerksamkeit auch auf ein Detail aus unserer Umgebung richten und etwas ganz genau anschauen. Dazu bündeln wir den Strahl der Aufmerksamkeit und richten ihn gezielt auf das Objekt. Die zwei Arten zu schauen lassen sich wieder am Beispiel der Taschenlampe verdeutlichen: Sich auf einen Punkt zu konzentrieren bedeutet, den Strahl der Taschenlampe ganz eng zu machen. Nur der eine Gegenstand wird beleuchtet, und der Rest liegt im Dunkeln. Wenn ich zwei Dinge gleichzeitig beleuchten will, die etwas voneinander entfernt sind, so muss ich den Lichtstrahl der Taschenlampe breiter stellen. Das Licht ist dann zwar nicht mehr so hell und scharf, aber ich sehe, dass beide Gegenstände da sind. Im alltäglichen Leben ist unser Bewusstsein sehr oft – wie der enge Richtstrahl der Taschenlampe – auf einen Punkt gerichtet. Das punktuelle Schauen erzeugt Spannung. Beim Matrixen sollte sich das Schauen leicht und einfach anfühlen. Wenn es zu viel Druck auslöst, kann der Prozess der Veränderung gestört werden. Der offene, weitere Blick beruhigt die Gedanken und stabilisiert das Bewusstsein. Die Wahrnehmung wird räumlich und weit. Diese räumliche Wahrnehmung kennen wir zum Beispiel auch, wenn wir am Meer auf den Horizont hinausschauen. Das lässt uns augenblicklich ruhiger werden. So zu schauen wirkt entspannend, augenblicklich tritt Leichtigkeit und Wohlbefinden ein.

1. Schließe die Augen und entspanne deinen Kopf.
2. Öffne langsam die Augen und bleibe mit der Aufmerksamkeit in deinem Kopf. Fixiere keine Details, sondern nimm den ganzen Raum vor dir in den Blick.
3. Entspanne deinen Blick in diesem Raum.

Die Dehnung der Aufmerksamkeit mit dem offenen Blick bewirkt, dass wir uns besser mit der Seelenebene verbinden können und das brauchen wir beim Matrixen. Deshalb konzentrieren wir unsere Aufmerksamkeit auf zwei Punkte gleichzeitig, wie in der folgenden Übung. Dazu nutzen wir die Mittelfinger. Der Mittelfinger ist das Zentrum, um das sich die anderen Finger ordnen. Er hat stabilisierende und ausgleichende Funktion. Deshalb eignet er sich besonders gut, um zu harmonisieren und etwas in die Mitte zu bringen.

Mein Tipp

Der offene Blick eignet sich auch, um einer Reizüberflutung vorzubeugen. Beim Einkaufen zum Beispiel wandert unser Blick oft ziellos umher. Dabei stellt er alles scharf, was er zufällig erfasst. Dies führt schon nach kurzer Zeit zu einer Reizüberflutung und zu einem Gefühl der Erschöpfung. Der offene Blick bringt Ruhe und Stabilität, was sich positiv auf unseren Energiehaushalt auswirkt.

Die folgenden beiden Übungen dienen dazu, deine Intuition zu stärken, damit du leichter den zweiten Punkt finden kannst.

Übung:
Dein Bewusstsein dehnen

Jetzt geht es darum zu üben, wie du deinen Fokus auf zwei Punkte gleichzeitig ausdehnen kannst:

- Schließ die Augen und nimm wahr, wie du dich fühlst.
- Fühle, wo in deinem Körper Druck wahrnehmbar ist.
- Halte beide Hände vor dir in den Raum und spüre beide Fingerspitzen der Mittelfinger gleichzeitig.

Indem wir uns auf die beiden Fingerspitzen gleichzeitig konzentrieren, dehnen wir unser Bewusstseinsfeld aus. Dies ergibt eine Entspannung der Wahrnehmung.

Wiederhole den Vorgang ein paarmal und spüre, wie sich dein System immer tiefer entspannt.

Übung: Deine Willenskraft richtig einsetzen

Hier kommen wir zum letzten Baustein, bevor wir mit der Zwei-Punkte-Technik beginnen. Beim Matrixen braucht es eine klare Entscheidung von dir, etwas verändern zu wollen. Dein eigener Wille zur Veränderung bringt den Prozess erst richtig in Gang. Je bewusster eine Entscheidung getroffen wird, desto kraftvoller ist die Wirkung. Die Entschlossenheit, mit der du deine Ziele umsetzen möchtest, sollte im besten Fall die Qualität eines Jawortes bei der Hochzeit haben. Wenn das Ja von ganz innen kommt, entfaltet es eine enorme Antriebskraft für deinen Neubeginn. Dabei geht es wie beim Wünschen nicht darum, emotional zu werden, sondern Entschlossenheit zu zeigen. Emotionaler Wille entsteht aus der Opferrolle: *Ich mache mich abhängig und gebe meine Kraft ab.* Was wir brauchen, ist die Entschlossenheit eines schöpferischen Menschen, der bereit ist, für seine Ziele einzustehen, der an sich glaubt und sich selbst ernst nimmt. Das führt uns in die Freiheit!

Bei der Zwei-Punkte-Technik überlassen wir es der höheren Intelligenz der Seele, zu tun, was für den Menschen das Beste ist.

Das ist bisweilen nicht das, was wir uns ausgedacht haben, und deshalb gestaltet sich jede Anwendung als ganz persönlich auf einen Menschen zugeschnittene Transformation. Der Verlauf dieser Behandlungen fällt bei jedem anders aus. Dazu zwei Beispiele aus meiner Praxis:

Der direkte Weg: Anne (Name geändert) möchte mehr Selbstvertrauen für einen bevorstehenden Stellenwechsel gewinnen. Sie matrixt sich und übergibt die Transformation dabei der Seele. Vor dem Matrixen fühlte sie sich unsicher und spürt bei dem Gedanken an das Thema einen Druck auf dem Herzen.

Beim Matrixen lösen sich diese blockierenden Energien und Anne verspürt Erleichterung. In den folgenden Tagen ist sie voller Tatendrang. Sie kümmert sich endlich um ihre Bewerbungen, geht zu Vorstellungsterminen und findet in den kommenden Wochen eine neue, passende Arbeitsstelle.

Der indirekte Weg: Gerd (Name geändert) möchte die blockierende Energie seiner Trägheit loslassen. Am liebsten würde er sich auf der Stelle davon befreien. Seine Seele jedoch erkennt, dass es wichtig für ihn ist, zuerst die damit verbundene Emotion der unterdrückten Wut und Trauer zu transformieren.

Während des Matrixens werden kraftvolle Energien freigesetzt, die mit Wut und Trauer verbunden sind. Gerd wird danach unglaublich müde. Im ersten Moment könnte er denken, dass die Matrix-Anwendung nicht funktioniert hat, da er sich nun noch müder und träger fühlt als zuvor. Dem ist aber nicht so, denn die Seele kümmert sich zuerst um die Voraussetzung dafür, dass er mehr Energie generieren kann. Durch die Müdigkeit tritt eine Entspannung ein, wodurch er einen Zugang zu seinen unterdrückten Emotionen erhält. Er kann jetzt Wut und Trauer wahrnehmen, die Gefühle akzeptieren und damit Schritt für Schritt loslassen. Die erwünschte Auflösung der Blockade der Trägheit geschieht nach und nach in den folgenden Tagen.

Jeder Mensch befindet sich auf seinem persönlichen und individuellen Lebensweg. Dadurch ergeben sich bei jedem von uns andere Wachstumsmöglichkeiten und Themen, die transformiert werden dürfen.

Ich bin mir bewusst, dass jedes Thema vielschichtig und mit anderen Themen verknüpft ist. Wegen dieser Komplexität ist es unerlässlich, die höhere Intelligenz (Seele) entscheiden zu lassen, in welcher Weise der Transformationsprozess beim Matrixen umgesetzt werden soll. Nur dann können wir sicher sein, dass wir nicht versuchen, dem Schicksal unsere Wünsche aufzudrücken. Wir sind nicht in der Lage, unser gesamtes menschliches Innenleben zu erfassen. Deshalb brauchen wir das Vertrauen in die Seelenebene.

Ich unterscheide zwischen zwei möglichen Ansätzen meiner Klienten: Der erste zeigt, wie die jeweilige Absicht *nicht* umgesetzt werden sollte. Der zweite zeigt, wie es gelingt.

1. So sollte es nicht sein: Ich will etwas erzwingen und möchte ein klar definiertes Resultat. Meist ohne zu wissen, ob das auch wirklich das Beste für mich ist.
2. So gelingt es: Ich überlasse es der höheren Intelligenz, die Matrix-Anwendungen umzusetzen. Damit zeige ich Vertrauen in die höhere Intelligenz der Seele, und das ist optimal für eine tiefgreifende Transformation. Es darf geschehen, was geschehen soll zum Wohle aller.

Am Beispiel von der jungen Frau, die gerne Vorträge vor vielen Menschen über den wertschätzenden Umgang mit Tieren halten wollte, haben wir gesehen, dass der von einem Menschen erdachte Weg nicht unbedingt am schnellsten zum Ziel führt. Je mehr wir vertrauen, desto besser kann die Seelenebene wirken.

Die Zwei-Punkte-Technik nach Matrix Live

Die Matrix-Technik ist sehr einfach in der Anwendung und deshalb kann sie jeder ausführen. Du brauchst keine speziellen Vorkenntnisse und keine jahrelange Meditationspraxis oder besondere Heilfähigkeiten. Zudem kommt sie der sprunghaften Natur unseres Geistes entgegen: Es genügt eine Aufmerksamkeitsspanne von fünf bis zehn Sekunden, um eine Verbindung zur Seelenebene herzustellen. Wir nutzen die Fingerspitzen der beiden Mittelfinger und fokussieren uns auf diese zwei Punkte, indem wir sie gleichzeitig fühlen. Dann setzen wir eine Intention (Absicht) für die Transformation, indem wir die Seele bitten, etwas für uns zu transformieren. Danach lassen wir los und vertrauen der Seelenebene, dass sie umsetzt, was nun das Beste für uns ist. Dazu gehen wir mit der Aufmerksamkeit zu unserem energetischen Herzen. Wir nehmen das Herzfeld wahr und verstärken mit der positiven Kraft des Herzens unsere Absicht.

Bei der Zwei-Punkte-Technik nach *Matrix Live* geht es also darum, über die Seelenebene Behinderungen im Unterbewusstsein zu transformieren und gleichzeitig Positivität zu aktivieren.

Das Thema wählen, das du verändern möchtest

Die Spezialität dieser Art der Anwendung, wie wir sie bei *Matrix Live* gestaltet haben, ist es, bewusst die höheren Energiezentren zu aktivieren. Damit können wir sicherstellen, dass ein Kontakt zur Seele besteht und die Veränderung über die Seelenebene erfolgen kann.

Wir matrixen immer bezogen auf ein Thema, denn damit habe ich gute Erfahrungen gemacht. Wie generell oder spezifisch du dein Matrixthema benennst, ist abhängig von der Situation, in welcher du dich matrixt. Das generelle Thema ist zum Beispiel dein Neubeginn. Nicht jeder braucht für seine Veränderung dieselbe Unterstützung. Einige benötigen mehr Mut und Vertrauen, andere mehr Leichtigkeit und Klarheit, und wieder andere müssen ihren Willen stärken, um den Wandel auch wirklich anzugehen. Alles das sind Themen, die du innerhalb deines Neubeginns positiv verändern kannst. Weil das Matrixen nicht über das Tagesbewusstsein, sondern über die Seelenebene funktioniert, muss das Thema auch nicht positiv formuliert werden. Zur Erinnerung: Affirmationen funktionieren über das Tagesbewusstsein. Man wiederholt mit Worten das gewünschte Endergebnis. Die Seelenebene beginnt da, wo Worte aufhören, und empfängt von uns die wortlose Absicht hinter den Worten. Deshalb ist es möglich, ein Thema bejahend oder verneinen zu formulieren:

- *Ich möchte meinen Mut verstärken.*
- *Ich möchte diese Angst vor dem Versagen nicht mehr haben.*
- *Ich möchte eine hinderliche Emotion transformieren.*

Wie du dein Thema formulierst, ist dir überlassen. Das Wichtigste ist, dass du dich damit wohlfühlst und von Herzen gewillt bist, dein Thema positiv zu verändern.

Das Leben ist aber keine Kaffeemaschine. Wäre es so, dann könnten wir einen Knopf drücken und wüssten genau, welches Ergebnis herauskommt. Im Fall der Kaffeemaschine ein Kaffee. Das würde bedeuten, ich könnte meine Finanzen matrixen und hätte am Ende des Tages mit Sicherheit 100.000 Franken mehr auf dem Konto. Das ist das Positive an Maschinen - da funktionieren solche Dinge. Bei uns Menschen kann man allerdings etliche Knöpfe drücken und weiß trotzdem nicht, welches Resultat man erhält. Der Mensch ist so komplex, dass ihm eine geradlinige Lösung (Input – Output wie bei einer Maschine) nicht gerecht werden würde.

Eine Übung kann ausreichen, um eine langfristige, stabile Veränderung zu erzielen. Oder die Transformation geschieht nach dem Zwiebelschalenprinzip, indem immer wieder eine neue Ebene auftaucht, die ins Positive verändert werden möchte. Zur Kaffeemaschine ist noch zu sagen: Wenn sie einmal einen Fehler gemacht hat, dann macht sie ihn immer wieder. Egal, wie oft ich auf den Knopf drücke, es kommt kein

Kaffee mehr heraus. Ein Mensch dagegen kann aus seinen Fehlern lernen und sich dadurch weiterentwickeln.

Dennoch gibt es die Möglichkeit, gezielt auf Resultate zu matrixen. Das Vorgehen des Matrixens ist als Bitte oder als Wunsch zu verstehen, keinesfalls als Befehl an die Seele. Immer, wenn ich im Begriff bin, etwas Neues in mein Leben zu rufen, kommen mir die Worte „elastische Beharrlichkeit" in den Sinn. Dies ist ein Zustand, in dem wir flexibel beständig nach neuen Wegen suchen, um unser Ziel zu erreichen, ohne es aus den Augen zu verlieren. Wie das Wasser eines Gebirgsbaches, der sich einen Weg ins Tal sucht. Er bleibt immer in Bewegung und bahnt sich flexibel seine Wege. Genau so erreiche ich meine Ziele.

Die Energiefelder und ihre Bedeutung fürs Matrixen

Wenn ich an ein Thema denke, das ich gerne verändern möchte, so verändert sich meine innere Welt mit dem Denkprozess mit. Ich habe in dem Moment Zugriff auf alle Informationen, die mit dem Thema zusammenhängen. Da sind Erfahrungen, Gefühle, Glaubenssätze, Erwartungen und Eindrücke aus meinem bisherigen Leben. Das Unterbewusstsein stellt mir alle diese Informationen in Form eines „Feldes" zur Verfügung. Nur so ist es mir möglich, über ein bestimmtes Thema nachzudenken. Dieses Feld ist aber nicht nur in meinem Körper, sondern auch um mich herum wahrnehmbar. Man könnte es auch als „Energiewolke" beschreiben, in die ich mich hineinbegebe, wenn ich mich gedanklich mit einem Thema befasse.

Beim Matrixen machen wir uns das zunutze, indem wir an ein Thema denken und anschließend mit der Zwei-Punkte-Technik in dem dazugehörigen Energiefeld, das sich gebildet hat, positive Veränderungen anstreben. Dazu brauchen wir unsere Absicht und die Verbindung zur Seelenebene.

Alles dreht sich um die Absicht

Für eine gelungene Transformation brauche ich eine klare Absicht. Doch oftmals reicht das normale Tagesbewusstsein nicht aus, um etwas in meinem Leben zu verändern. Auch wenn ich mir in Gedanken noch so sehr eine Veränderung herbeisehne, lässt das Unterbewusstsein sie häufig nicht zu. Der Grund: Meine Gedanken tragen zu wenig Kraft in sich, weil sie nur aus dem Tagesbewusstsein heraus entstanden sind. Zur Erinnerung: Der Unterschied zwischen Tagesbewusstsein und Unterbewusstsein, wo die Veränderung stattfinden soll, ist riesig. Wäre das Tagesbewusstsein das Wasser in meinem Körper, so wäre das Wasser des Bodensees im Vergleich die Menge im Unterbewusstsein.

Sobald wir nun mit der Zwei-Punkte-Technik zusätzlich die Kraft der Seele nutzen, wird unsere Absicht um ein Vielfaches verstärkt. Eine Transformation über die Seelenebene kann selbst tiefe emotionale Prägungen transformieren und damit wichtige positive Veränderungen einleiten.

Wenn du beispielsweise eine bestimmte Angst hast, und du möchtest sie loslassen, dann denkst du vielleicht: Angst loslassen! Aber das hat nur wenig bis gar keine Wirkung. Wenn du das Gleiche mit der Zwei-Punkte-Technik durchführst, verstärkt sich deine Absicht mithilfe der Seele um ein Vielfaches. Darin besteht die Magie des Matrixens nach *Matrix Live*: Wir können damit unser Leben neu gestalten.

Matrixen: der Ablauf

Nachdem du einen Gesamtüberblick bekommen hast, geht es jetzt um die Schritte beim Matrixen selbst. Nachdem du in Gedanken ein Thema definiert hast, das du positiv verändern möchtest, gehst du folgendermaßen vor:

1. Lege die Spitze deines Mittelfingers im Bereich vom Dekolleté/Brustbein auf deinen Körper so, dass es sich gut anfühlt.
2. Wähle mit dem anderen Mittelfinger intuitiv den zweiten Punkt auch auf deinem Körper oder in deinem Energiefeld. Lass dich

dabei von deinem Gefühl leiten. Auch hier geht es darum, dass es sich gut anfühlt.

3. Nimm beide Punkte gleichzeitig wahr, indem du sie gleichzeitig spürst (Dehnung des Bewusstseins).
4. Formuliere eine Absicht zur Veränderung, zum Beispiel „Emotion loslassen" (dies ist der einzige Punkt, der in der Übung variiert).
5. Atme aus, lenke deine Aufmerksamkeit in dein Herzzentrum und lasse los.

Die Schritte 1, 2, 3 und 5 bleiben immer gleich. Was sich am Verlauf des Matrixens ändert, ist ausschließlich Punkt 4, die Absicht.

1. **Der erste Punkt:** Dieser kann auf deinem Körper oder in deinem Energiefeld sein. Wähle ihn so, dass du dich wohlfühlst. Am einfachsten ist es, ihn wie beschrieben auf Herzhöhe zu wählen, da dieser Punkt eine zentrierende Wirkung hat. Ob du die rechte oder die linke Hand nimmst, spielt keine Rolle. Wie bereits erwähnt, verwenden wir dazu den Mittelfinger.
2. **Der zweite Punkt:** Auch dieser ist entweder auf deinem Körper oder in deinem Energiefeld. Wähle diesen ebenfalls intuitiv, so wie es sich richtig anfühlt.
3. **Die Wahrnehmung beider Punkte gleichzeitig:** Das gleichzeitige Wahrnehmen der beiden Punkte dient dazu, wie beim offenen Blick das Bewusstsein zu dehnen und damit das Tor zur Transformation zu öffnen. In dem Moment, wo du beide Punkte gleichzeitig wahrnimmst, hast du dein Bewusstsein soweit gedehnt, dass der nächste Schritt erfolgen kann.
4. **Die Absicht formulieren:** Jede Anwendung enthält eine eigene Absicht. Bei jeder Anwendung wird ein anderer Aspekt des Neubeginns positiv verändert. Unsere Absicht ist wie eine Bitte an die Seele. Diese wird die Bitte so umsetzen, dass es zum Wohle aller geschieht und tiefgreifend wirkt.
5. **Loslassen:** Auf den nächsten Seiten findest du drei Anwendungen, die die Wirkungsweisen der Absichten genau erklären.

Zum Loslassen: Sobald du die Aufmerksamkeit von den beiden Mittelfingern in deinen Herzraum gelenkt hast, hast du losgelassen. Erst durch das Loslassen wird die gewünschte Transformation ausgelöst. Loslassen bedeutet, du lenkst deine Aufmerksamkeit von den beiden Punkten und der Absicht auf dein Herzzentrum.

Vorgehen beim Loslassen: Du fühlst mit geschlossenen Augen einen Moment dein energetisches Herzzentrum und atmest dabei aus. Damit setzt der Prozess der Transformation ein. Das Zusammenspiel von Seelenebene und Unterbewusstsein löst eine energetische Bewegung aus, die Negativität zu transformieren vermag. Die Seele hilft dir dabei, deine Energien zu stabilisieren und zu harmonisieren.

Die Spannung löst sich, und die Seele sendet eine transformierende Energiewelle in dein Energiefeld. Das elektromagnetische Feld des Herzens wirkt als Verstärker und unterstützt den Transformationsprozess. Wie gut du das wahrnehmen kannst, hängt von der Tagesform ab und natürlich von der Erfahrung.

Das Loslassen findet auf allen drei Ebenen statt: dem Fühlen, der Körperwahrnehmung und dem Denken. Wenn du zum Beispiel die Absicht „Druck loslassen" formulierst, wird deine Seele eine Energiewelle senden, die den Druck reduziert. Damit wird ein Prozess in Gang gesetzt, der eine positive Veränderung auslöst. Diese Absicht kannst du 3-5 Mal hintereinander matrixen und als Resultat wirst du merken, dass du dich leichter fühlst.

Typische Beispiele für eine positive Veränderung:

- Ich fühle mich leichter
- Ich bin ruhiger
- Ich fühle mich freier
- Ich sehe klarer
- Ich bin körperlich aufgerichtet
- Wenn ich an… denke, stresst es mich nicht mehr
- Ich fühle mich stärker in Bezug auf das Thema
- Ich fühle mich dem Thema gewachsen

Die Zwei-Punkte-Technik kompakt

Der gesamte Ablauf von Schritt 1 bis 5 dauert ca. 10 bis 30 Sekunden.

1. Wähle Punkt 1 (zum Beispiel auf Herzhöhe).
2. Wähle Punkt 2 (auf deinem Körper oder in deinem Energiefeld).
3. Nimm beide Mittelfinger gleichzeitig wahr.
4. Formuliere in Gedanken eine Absicht, zum Beispiel: „Emotion loslassen“.
5. Lenke deine Aufmerksamkeit ins Herzzentrum.

Die Zwei-Punkte-Technik gezielt einsetzen: drei Anwendungen

Matrix-Anwendung 1: Emotionen loslassen

Jede negative Emotion vernebelt die Wahrnehmung und trübt den klaren Verstand.

Ein Beispiel aus der eigenen Erfahrung: Manchmal, wenn ich das Haus verlassen will und spät dran bin, suche ich nach meinem Hausschlüssel. Wie ferngesteuert sehe ich immer wieder an denselben Orten nach, ohne den Schlüssel zu finden. Schaut mein Partner nach, findet er den Schlüssel mühelos.

Wieso habe ich den Schlüssel nicht gefunden, mein Partner aber schon? Die Antwort liegt in der Emotionalität. Er war ruhig und klar, und ich war vom Suchen gestresst und emotional. Das meine ich, wenn ich sage: Emotionen vernebeln die Sinne.

Ich hab keinen Durchblick mehr! Wenn wir starke Emotionen zu einem Thema haben, können wir es nicht bewältigen. Vielleicht haben wir das Gefühl unterdrückt und können es nicht unmittelbar wahrnehmen. Trotzdem ist es da und wirkt aus dem Unterbewusstsein heraus auf uns ein.

Sobald wir die störenden Emotionen loslassen, beruhigt sich unser Energiekörper. Wir gewinnen einen inneren Abstand zum Thema. Leichtigkeit und Freude breiten sich aus und das Vertrauen in die eigene Kraft kehrt zurück. Wie lässt du nun ein negatives Gefühl los?

Denke an deinen Neubeginn und an die Dinge, die dabei negative Gefühle in dir erzeugen. Vielleicht kannst du die Gefühle benennen. Vielleicht fühlst du dich unsicher, ob du es auch schaffen kannst. Das Thema wäre in dem Fall: *Unsicherheit loslassen.*

Spüre nach, ob du bereit bist, deinen Zweifel loszulassen, und bejahe innerlich, dass er gehen kann. Tu dies mit der größten Entschlossenheit, die du aufbringen kannst. Nun hast du das Thema definiert und kannst dich auf den Ablauf der Übung konzentrieren.

1. Wähle den ersten Punkt auf deiner Brust.
2. Finde intuitiv den zweiten Punkt vor dir im Energiefeld.
3. Spüre beide Punkte gleichzeitig mit den Mittelfingern beider Hände.
4. Formuliere in Gedanken die Absicht: *Unsicherheit loslassen.*
5. Lenke die Aufmerksamkeit in dein Herzzentrum, atme aus und lass innerlich los, indem du die Entspannung zulässt.

Nimm wahr, was sich verändert hat. Bei Bedarf kannst du die Übung wiederholen. Du kannst auch noch weitere Gefühle loslassen, so lange, bis es in dir ruhig wird.

Beispiele für typische Emotionen, die wir loslassen können, sind:

- Langeweile
- Ungeduld
- Genervtsein
- Erschrecken und die Angst vor dem Erschrecken
- Wut
- Unsicherheit
- Zweifel
- Enttäuschung
- tiefe Ängste und Befürchtungen
- Trauer
- Schuldgefühle
- Depression
- Resignation
- Ohnmacht

Mein Tipp

Wenn du das Gefühl nicht benennen kannst, sag als Absicht einfach: *Gefühl loslassen.* **Diese Variante kannst du mehrmals ausführen.**

Alle diese Gefühle können wir loslassen und uns innerlich auf Positivität ausrichten.

Matrix Anwendung 2: den Druck beim Wünschen freisetzen

Wir wünschen den ganzen Tag. Alles, was wir uns vornehmen zu tun, ob unbewusst oder bewusst, könnte man als Wunsch bezeichnen. Die meisten Wünsche erfüllen wir uns sofort, ohne zu merken, dass wir überhaupt gewünscht haben. Einen Kaffee zu trinken, auf dem Sofa zu sitzen, die Katze zu streicheln, mit jemandem zu telefonieren – all das sind Wünsche, die wir realisieren können, ohne dass wir überhaupt einen Gedanken daran verschwenden, ob wir es können oder nicht. Im Grunde wissen wir demnach, wie wir uns unsere Wünsche erfüllen und sind es gewohnt, dies den ganzen Tag lang zu tun. Erst wenn wir einen Wunsch haben, den wir uns nicht so selbstverständlich erfüllen können, wird er uns überhaupt als Wunsch bewusst. Sei es, dass wir uns nicht zutrauen, uns diesen Wunsch zu erfüllen, oder dass es gar kein richtiger Herzenswunsch ist.

Im Kapitel „Wünschen ist nicht gleich wünschen" haben wir neben Herzenswünschen verschiedene Arten von Wünschen kennengelernt: Kopfwünsche, die zu wenig Energie in sich tragen, um realisiert zu werden, und Wünsche, die emotional zu stark belastet sind und darum nicht in Erfüllung gehen können. Das können aber auch Herzenswünsche sein, die zu wichtig geworden sind.

Wenn ein Wunsch sehr wichtig ist, steigt der energetische Druck im Energiefeld. Dieser entsteht durch einen subtilen Schmerz, den jeder Wunsch auslöst, weil er noch nicht erfüllt ist. Je dringender ein Wunsch ist, desto stärker werden die druckerzeugenden Kräfte. Der Druck, der dabei entsteht, wirkt wie ein Antipol, der die Erfüllung unserer Wünsche von uns fernhält. Diese Kräfte vernebeln unsere Sinne, wir können nicht mehr klar denken. Und wenn der Druck länger anhält, macht er uns sogar krank.

Typische Gefühle, die mit diesem negativen Druck einhergehen, sind Ängste, Ärger und innere Nervosität. In einer Phase des Neubeginns ist es normal, dass wir manchmal ungeduldig werden und unsere Wünsche gern so früh wie möglich umsetzen würden. Da gilt es, den Druck regelmäßig loszulassen. Nur so kann sich das positive Ich-Gefühl aufbauen, das eine stabile Basis für die Erreichung unserer Ziele bildet.

Beispiele für Herzenswünsche, die Druck auslösen können, sind:

- Kinderwunsch
- einen passenden Partner zu finden
- im Traumberuf zu arbeiten
- ein gesünderes Leben zu führen
- einen fitten und schönen Körper zu haben
- den Weg in die Selbstständigkeit zu wagen

Bei meinen Recherchen und Beobachtungen habe ich realisiert, dass der Druck in den Wünschen von drei Basiswünschen ausgelöst wird:

- dem Wunsch nach Anerkennung von außen,
- dem Wunsch nach Kontrolle und
- dem Wunsch nach Sicherheit.

In einer Welt, in der sich alles ständig verändert, erzeugt der Wunsch nach Sicherheit und Kontrolle einen hohen Druck. Genauso erzeugt der Wunsch nach Anerkennung von außen zu viel Druck. Von allen drei Basiswünschen kann ich mich abhängig machen. Dann wird das Leben sehr eng, und ich fühle mich wie fremdgesteuert.

Die drei Wünsche nach Anerkennung von außen, nach Sicherheit und nach Kontrolle wurzeln in der Kindheit und können unser Erwachsenenleben stark prägen:

- Im Wunsch nach *Anerkennung* hat manch einer einen Beruf gewählt, mit dem er oder sie seine Eltern stolz machen konnte.
- Der Wunsch nach *Sicherheit* hat viele davon abgehalten, ihren Traumberuf auszuüben, und sie haben stattdessen etwas „Vernünftiges" gelernt.
- Der Wunsch nach *Kontrolle* nimmt uns den Mut, ab und zu über unseren Schatten zu springen und etwas Verrücktes zu tun. Er hindert uns daran, aus der Komfortzone auszubrechen. Doch bekanntlich fängt da erst das wahre Leben an.

Der Preis, den wir für übertriebenes Festhalten an den drei Basiswünschen bezahlen, ist hoch. Wer sein Leben nach Wünschen ausrichtet, die andere stolz machen sollen, oder sich durch seine Befürchtungen einschränken lässt, wird sich am Leben nicht richtig freuen können. Es bleibt ein fader Nachgeschmack, weil wir intuitiv spüren, dass wir nicht unsere eigentlichen Herzenswünsche leben. Die ersehnte Befriedigung stellt sich nicht vollständig ein. Im schlimmsten Fall verpassen wir es, unser Leben zu leben.

Indem ich den Druck aus diesen drei Basiswünschen loslasse, finde ich wieder zurück zum Vertrauen und zur Verbundenheit mit meiner Seele. Die blockierte Wunschenergie wird freigesetzt und auf mein Ziel ausgerichtet.

Die drei Basiswünsche beruhen auf der Annahme, die Welt hätte sich nach mir zu richten und mich glücklich zu machen. Mit dieser Annahme machen wir uns wieder einmal zum Opfer der Umstände, und das führt uns nicht in die gewünschte Freiheit. Wenn es mit dem Neubeginn nicht vorangeht, horten wir wahrscheinlich unbewusste Basiswünsche, die unsere Energie blockieren. Wir werden müde, antriebslos und verschieben unsere Vorhaben auf morgen. Wir lassen uns von dem Druck, der dadurch erzeugt wird, verwirren und geben womöglich sogar auf. Um das zu verhindern, müssen wir den Druck aus unseren Wünschen loslassen. Wir müssen die Wunschenergie freisetzen, die durch den Druck blockiert wird.

Mein Tipp

Besonders gute Resultate erzielen wir, indem wir zuerst die negative Emotion loslassen (siehe „Matrix-Anwendung 1“) und danach den Druck aus den drei Basiswünschen Anerkennung, Kontrolle und Sicherheit.

Den Druck aus den drei Basiswünschen loslassen

Denke an dein Thema des Neubeginns und an die Dinge, die dabei Druck erzeugen. Damit hast du das Thema definiert und kannst dich auf den Ablauf der Übung konzentrieren.

1. Wähle den ersten Punkt, etwa in der Höhe deines Brustbeins.
2. Finde den zweiten Punkt im Energiefeld vor dir.
3. Spüre beide Punkte gleichzeitig.
4. Formuliere in Gedanken die Absicht „Wunsch nach Anerkennung loslassen“.
5. Lenke die Aufmerksamkeit in dein Herzzentrum, atme aus, lass los, und lass damit die Veränderung zu.

Wiederhole nun die Übung mit der Absicht „Wunsch nach Sicherheit loslassen“.

- Wähle den ersten Punkt, etwa in der Höhe deines Brustbeins.
- Finde den zweiten Punkt im Energiefeld vor dir.
- Spüre beide Punkte gleichzeitig.
- Formuliere in Gedanken die Absicht: „Wunsch nach Sicherheit loslassen“.
- Lenke die Aufmerksamkeit in dein Herzzentrum, atme aus, lass los, und lass damit die Veränderung zu.

Dann folgt der dritte Durchgang mit der Absicht: „Wunsch nach Kontrolle loslassen“.

- Wähle den ersten Punkt, etwa in der Höhe deines Brustbeins.
- Finde den zweiten Punkt im Energiefeld vor dir.
- Spüre beide Punkte gleichzeitig.

- Formuliere in Gedanken die Absicht: „Wunsch nach Kontrolle loslassen".
- Lenke die Aufmerksamkeit in dein Herzzentrum, atme aus, lass los, und lass damit die Veränderung zu.

Der Wunsch nach Anerkennung kennzeichnet eine ungesunde Opferhaltung. Ihn loszulassen bedeutet, nicht länger erzwingen zu wollen, dass andere sich mit uns freuen. Natürlich dürfen wir stolz sein auf unseren gelungen Neuanfang, und wir dürfen uns auch darüber freuen, dass andere sich mit uns freuen – solange wir es nicht von ihnen erwarten. Und ein gewisses Maß an Kontrolle und Sicherheit ist nötig, damit der Neubeginn nicht im Chaos und Durcheinander versinkt. Dennoch sollte das Bedürfnis danach nicht zu einem Muss werden, sonst entsteht unnötig Druck. Ohne Druck stellt sich der Fluss des Glücks und der Zuversicht natürlicherweise ein, und der Neubeginn wird zur puren Freude.

Mein Tipp

Wenn du bei einer bestimmten Absicht stark reagierst, kannst du die Übung zwei oder dreimal wiederholen. Dadurch werden auch tiefere Schichten transformiert.

Matrix-Anwendung 3: Harmonisieren

Wenn etwas in Harmonie ist, dann empfinden wir es als schön. Das heißt, wir haben einen natürlichen Wunsch nach Ausgeglichenheit und Harmonie. Wo Harmonie ist, da ist etwas „in Ordnung", es ist „heil" oder „ganz". Weil es dabei nicht nur um den physischen Körper geht, sondern auch um unsere Gefühle und Gedanken und Energien, verwende ich das Wort harmonisieren. Wir sind den ganzen Tag über unterschiedlichsten Energien ausgesetzt. Stress, Lärm, Hektik, den Launen der Mitmenschen und den eigenen Launen dazu. Dies führt zu einem

Ungleichgewicht, einer Disharmonie im System. Dies von Zeit zu Zeit auszugleichen, ist wohltuend und stabilisiert die innere Positivität.

Harmonisieren

Denke an dein Thema des Neubeginns und an die Dinge, die dabei Druck erzeugen. Damit hast du das Thema definiert und kannst dich auf den Ablauf der Übung konzentrieren.

- Wähle den ersten Punkt, etwa in der Höhe deines Brustbeins.
- Finde den zweiten Punkt im Energiefeld vor dir.
- Spüre beide Punkte gleichzeitig.
- Formuliere in Gedanken die Absicht: „Harmonisieren".
- Lenke die Aufmerksamkeit in dein Herzzentrum, atme aus, lass los, und lass damit die Veränderung zu.

Mein Tipp

Das Harmonisieren kann entweder alleine ausgeführt werden oder als Abrundung, nachdem wir Emotionen losgelassen und Druck aus Wünschen aufgelöst haben.

Drei Meditationen für Positivität

Die folgenden drei Meditationen stellen kraftvolle Helfer im Neubeginn dar. Es sind komplexere Matrix-Anwendungen, die ich auch als Meditationen einsetze. Sie wurden eigens dafür entwickelt, dich in deinem positiven Ich-Gefühl zu stärken, damit du dir eine innere Plattform aus Stabilität, Verbundenheit und Selbstvertrauen errichten kannst. Sie schaffen die Basis, von der aus du deine Herzenswünsche umsetzen kannst. Es sind:

- die Fülledusche,
- die Verbindung mit dem Seelenführer und
- das Sternenlicht.

Übung:
Die Fülledusche

Jeden Tag reinigen wir unseren Körper. Ist es da nicht logisch, sich auch täglich von der Verschmutzung durch negative Gefühle und Gedanken zu reinigen? Es ist sinnvoll und hilfreich, unsere emotionalen Belastungen und negativen Prägungen aus vergangenen Erfahrungen von Zeit zu Zeit abzuduschen.

Die Natur macht es uns vor: Im Herbst ziehen sich die Bäume und Blumen in die Erde zurück. Sie werfen ihre Blätter ab, um dann im kommenden Frühling neu zu erblühen. Und wir Menschen sind voll von Informationen, die wir im Laufe des Lebens gesammelt haben und mit denen wir uns identifizieren. Vieles davon brauchen wir eigentlich gar nicht mehr. Wir schleppen es einfach noch mit uns herum, weil uns niemand gesagt hat, dass wir es abduschen können.

Die Meditation kann auf dem Sofa oder konkret unter der Dusche ausgeführt werden. Das Wasser verstärkt den reinigenden Effekt auf unseren Energiekörper.

Im ersten Teil der Übung werden belastende Prägungen weggespült, die uns das Gefühl von Schwere und Enge geben. Geduscht wird mit der Vorstellung von einem Licht-Wasser-Gemisch, das von oben über den Kopf in den Körper eintritt und alles Belastende abfließen lässt. Das Licht-Wasser-Gemisch fließt an mir hinunter und reinigt mich von innen und außen. Die Erde nimmt den Ballast auf und verarbeitet ihn zu neutraler Energie.

Im zweiten Teil der Übung wird die frisch geduschte Innenwelt mit Positivität aufgeladen. An die Stelle der dunklen Erinnerungen treten nun Leichtigkeit und Zuversicht. Dies ist eine optimale Vorbereitung für ein Leben in Fülle.

Teil I: Die Reinigungsdusche

- Stell dir vor, du stehst unter einem Wasserfall einer Quelle in den Bergen.
- Das Wasser ist weich und trägt einen weißen Lichtschimmer.
- Es ist angenehm in der Temperatur.
- Du stehst unter dem Wasserfall und lässt das Wasser an dir herabfließen.
- Mit deiner Absicht schickst du alle Schwere des Tages oder der Nacht mit dem Wasser mit. Sie fließt an dir herunter und wird mit dem Wasser fortgeschwemmt.
- Bleibe bei diesem Bild, bis keine Schwere mehr da ist.

Teil II: Die Fülledusche

- Das Wasser verbreitet nun einen goldenen Glanz.
- Dieser Glanz energetisiert und belebt deinen ganzen Körper.
- Dein physischer Körper und dein Energiekörper werden aufgeladen mit Positivität und Leichtigkeit.
- Wenn du dich gestärkt und harmonisiert fühlst, hat die Meditation ihren Zweck erfüllt.

- Bedanke dich bei dem Wasser und lächle ihm zum Schluss noch einmal zu.

Mein Tipp

***Für Morgenduscher:* Formuliere die Absicht, die negativen und aufwühlenden Gefühle der Träume wegzuduschen und frische Energie zu tanken.**
***Für Abendduscher:* Formuliere die Absicht, schwere Gefühle, Überspanntheit und Überlastung vom Tag abzuduschen und frische Energie zu tanken.**

Übung: Die Verbindung mit dem Seelenführer aufnehmen

Wir sind nicht allein und erhalten Hilfe, wenn wir darum bitten! Die folgende Meditation ermöglicht es dir, Kontakt zu deiner Seelenebene aufzunehmen. Unsere Seele ist verbunden mit unterstützenden Energien und Wesenheiten, die uns im Leben begleiten, leiten und schützen. Manche Menschen nehmen sie als Lichtwesen wahr, andere haben einen Bezug zur Natur, zu Krafttieren, und wieder andere nennen sie Engel. Selbst die Naturwissenschaft ist mittlerweile zu der Überzeugung gelangt, dass es eine höhere Intelligenz gebraucht hat, um unsere Welt so zu erschaffen, wie sie ist. Ich verwende den Begriff Seelenführer, denn er ist nicht von bestimmten Vorstellungen geprägt. Er ist nicht einmal männlich gemeint, auch eine weise Frau kann ein Seelenführer sein.

In dieser Meditation stärken wir die Verbindung zu dieser Kraft, indem wir unser Herz öffnen und uns mit ihr verbinden. In Verbindung mit dem Seelenführer fällt es leichter, die eigenen Schattenseiten anzusehen und hinderliche Prägungen aus der Vergangenheit loszulassen, denn durch diese Verbindung sind wir an das universelle Feld der Liebe angeschlossen. Liebe weicht viele innere Blockaden auf und transformiert sie sanft und nachhaltig.

Für das Vertrauen in deinen persönlichen Neubeginn ist es hilfreich, die positive Verbindung zu deinem Seelenführer zu stärken. Damit legst du einen wichtigen Grundstein für ein selbstbestimmtes Leben. Bei jedem Menschen gibt es sowohl problematische Verbindungen als auch solche, die auf Liebe, Freiheit und Wohlwollen beruhen. Letztere werden als frei und erfüllend wahrgenommen. Keiner will dem anderen etwas aufzwingen.

Die Verbindung zu unserem Seelenführer ist so eine freie Verbindung. Er wahrt den freien Willen und führt dich in Zeiten des Glücks ebenso wie in Zeiten der Not. Dein Seelenführer setzt sich immer hundertprozentig für dich ein, wenn du dich an ihn wendest. Er unterstützt dich, wo es nur geht. Damit seine Kraft in deinem Leben wirken kann, ist es an dir, die Beziehung zu ihm zu pflegen und zu vertiefen. Je mehr du diese Verbindung pflegst, desto mehr Unterstützung wirst du erhalten – nicht, weil der Seelenführer mehr gibt, sondern weil du mehr annehmen kannst.

Mein Tipp

Verbinde dich täglich bewusst mit deinem Seelenführer. So bekommt er einen festen Platz in deinem Leben und seine Kraft kann in dein Leben strahlen und dich damit viel mehr unterstützen.

Jede Seele hat ihre persönliche Geschichte und damit einen individuellen Bezug zu ihrem Seelenführer. Die Kraft des Seelenführers wird dir vertraut sein, denn du kennst sie schon seit sehr langer Zeit. Der Seelenführer ist sozusagen der engste Freund, den wir haben. Er ist immer da, und er bewertet dich nie. Er nimmt dich so, wie du bist, kompromisslos und bedingungslos. In manchen spirituellen Richtungen heißt es: „Der Seelenführer ist dir näher als der eigene Atem." Von jeher wird in unserem Kulturkreis von Schutzengeln gesprochen. Andere

Bezeichnungen dafür sind „der Guide“ oder „die innere Führung auf Seelenebene“.

1. Führe fünf bis zehn Mal die Herzatmung aus (siehe Abschnitt „Die Herzatmung“). Tue dies so lange, bis du dich zentriert und energetisiert fühlst.
2. Visualisiere in der Mitte deines Herzraums eine weiße Lichtkugel und geh ganz nah an die Kugel heran.
3. Lass die Kugel groß und größer werden, bis sie so groß ist wie du selbst oder sogar noch etwas größer.
4. Du stehst jetzt ganz nahe an dieser schönen weißen Lichtkugel. Du machst zwei Schritte nach vorne und trittst ein in das wunderbare helle Licht.
5. Du setzt dich in die Mitte der Lichtkugel und bittest von Herzen: *Bitte, lieber Seelenführer, lass mich dich wahrnehmen.*
6. Spüre seine Präsenz und verbinde dich bewusst damit.
7. Danke dem Seelenführer für diese Erfahrung und öffne die Augen.

Es macht nichts, wenn du deinen Seelenführer nicht in Gestaltform wahrnehmen kannst. Konzentriere dich mehr auf die Energie, die du spürst, als darauf, eine Gestalt zu erkennen. Das Fühlen ist der direkteste Zugang zu einer Verbindung mit der inneren Welt. Dieser Prozess läuft genauso ab wie in der äußeren Welt: Auch hier kommen wir uns näher, wenn wir einander fühlen, als wenn wir uns nur anschauen.

Mein Tipp

Verbinde dich mit dem Seelenführer, bevor du dich selbst matrixt. Du wirst sehen, dass diese Verbindung den Prozess noch einfacher und kraftvoller macht.

Übung:
Das Sternenlicht

Diese Meditation hat zum Ziel, unsere Kraft zu stärken, damit wir mehr wir selbst sein können. In jedem von uns schlummert ein großes Potenzial, das gelebt werden will. Der Lichtstern transformiert jene Teile in uns, die dieses Potenzial an seiner Entfaltung hindern, und setzt die Kräfte frei, die die Selbstfindung und das Selbstbewusstsein fördern. Er stärkt die Verbindung zu unserer Seelenebene sowie das Vertrauen in uns selbst und in die Welt.

Der Ablauf dieser Übung erfolgt in drei Schritten:

- Im ersten Schritt erhältst du eine Lichtressource, die sich im ganzen Körper verteilt, dich reinigt, Kraft spendet und Leichtigkeit bringt.
- Im zweiten Schritt verteilt sich dieses Licht in deinem Energiekörper um dich herum und reinigt dich auch da von negativen Gefühlen und Eindrücken.
- Im dritten Schritt werden dein physischer Körper und dein Energiekörper bis in die kleinste Zelle mit goldenem Licht aufgeladen. Dies bringt nochmals eine zusätzliche Freude, Glück und Leichtigkeit.

Schließe die Augen und visualisiere folgendes Bild: Etwa 20 Zentimeter vor dir siehst du ein weißes Licht in der Form eines Sterns. Du kannst jede Sternform wählen, die du gerne siehst und die dir Freude bereitet.

1. Der Stern leuchtet sehr hell und schwebt jetzt in deinen Brustkorb hinein zu dem Herzzentrum, mit dem du fühlst. Von dort strahlt das Licht in deinen ganzen Brustraum aus.
2. Es strahlt weiter in jede Zelle deines Körpers. Hinauf in den Hals, in den Kopf, ins Gesicht und bis in die Haarspitzen. In die Arme, Hände, Finger, in den Bauch, Rücken, in die inneren Organe, ins Becken und hinunter in die Beine. In die Oberschenkel, in die Unterschenkel und in die Füße. Es bringt Licht, Leichtigkeit und Heilung in jede Zelle deines Körpers.

3. Das Licht des Sterns verteilt sich nun auch in deinem gesamten Energiekörper um dich herum und reinigt ihn von negativen Gefühlen und Gedanken, indem es das Licht des Vertrauens, der Zuversicht und der Liebe hineinbringt. Deine ganze Aura erstrahlt in diesem kraftvollen weißen Licht.
4. Als Letztes kommt von sehr weit oben ein göttlicher goldener Lichtstrahl herunter, der über den Kopf in deinen Körper eintritt und direkt in deinen Herzraum fließt. Von dort aus strahlt das goldene Licht in alle Bereiche des physischen Körpers und des Energiekörpers. Das goldene Licht spiegelt sich in jedem weißen Sternenlichtteilchen in dir und um dich herum wider. Dieses goldene Licht bringt dir zusätzliches Glück, Freude und Leichtigkeit – all das kannst du nun zulassen und annehmen.
5. Danke dem Lichtstern für seine Unterstützung und öffne die Augen.

Wie ich meinen Neubeginn matrixe

Mit der Zwei-Punkte-Technik nach *Matrix Live* kannst du alles transformieren, was dich in deinem Neubeginn beschäftigt. Wir matrixen, wie schon gesagt, immer in Bezug auf ein bestimmtes Thema – in diesem Fall ist es der Neubeginn. Natürlich kannst du auch ein generelles Thema matrixen, wie zum Beispiel Vertrauen, Glück oder Zufriedenheit. Das bietet sich an, wenn du noch nicht konkret weißt, in welchen Lebensbereichen du mehr Vertrauen, Glück oder Zufriedenheit benötigst.

Nehmen wir noch einmal das Bild der Taschenlampe dafür her: Du kannst dir dein Bewusstsein wie das Licht einer Taschenlampe vorstellen. Dieses Licht lässt sich mit einem schmalen, aber intensiven Strahl auf einen kleinen Bereich ausrichten. Man kann damit aber auch eine größere Fläche beleuchten, wobei das Licht verteilt und dadurch in seiner Helligkeit abgeschwächt wird. Der breite Strahl wäre zum Beispiel die Bitte um mehr Vertrauen. Wir könnten ihn enger stellen, indem wir die Bitte formulieren: Mein Vertrauen in meine eigenen Fähigkeiten verstärken.

Je präziser du beim Matrixen deine Bitte beleuchtest, desto mehr Licht kommt an.

Kurzfristige und langfristige Themen matrixen

Kurzfristige Themen sind solche, die uns im Alltag unter Druck und Stress setzen. Hierzu einige Möglichkeiten, wie du mit dem Matrixen solche Themen positiv beeinflussen kannst:

- Innerhalb deines Neubeginns gehen dir vermutlich manche Menschen auf die Nerven, weil sie an dir zweifeln. Dies bringt dich aus deiner Mitte, du fängst an, dich zu hinterfragen und im schlimmsten Fall an dir zu zweifeln.
  - Dann ist deine Bitte an die Seele: An mich glauben. Zusätzlich kannst du zum Beispiel negative Gefühle transformieren und anschließend mit der Absicht „Harmonisieren" arbeiten.
- Vielleicht steht dir ein wichtiges Gespräch mit einem Menschen bevor, der dich in deinem Neubeginn weiterbringen könnte. Wie du weißt, erzeugt Wichtigkeit viel Druck. Um diesen Druck abzubauen, kannst du folgenden Ablauf verwenden:
  - Deine Bitte lautet in diesem Fall: Druck loslassen. Benutze dafür die Übung „Wunschenergie freisetzen" (siehe „Matrix-Anwendung" 2).
- Vielleicht müsstest du auch ins Handeln kommen, indem du den nächsten Stritt für deinen Neubeginn einleitest, aber du bist überhaupt nicht motiviert.
  - Dann ist deine Bitte an die Seele: *Widerstand reduzieren und Motivation aufbauen*. Passende Übungen sind „Wunschenergie freisetzen" (siehe „Matrix-Anwendung 2"), „Emotion loslassen" (siehe „Matrix-Anwendung 1"). Abschließend könntest du das Ganze mit der Sonnenmeditation abrunden (siehe „Die Sonnenmeditation").

Das alles sind kurzfristige Übungen. Ich setze sie im Alltag ein, um rasch einen klaren Kopf zu bekommen und mich von hinderlichen Emotionen wie Stress, Druck, Angst oder Ärger zu befreien. Es geht also primär um die Stärkung und Erhaltung des positiven Ich-Gefühls. Auf diese Weise trainieren wir regelmäßig die Technik des Matrixens und entwickeln Routine darin. Da jede „Trainingseinheit" zu einer Veränderung führt, sind langfristige positive Entwicklungen natürlich inbegriffen.

Jeder Neubeginn hat auch eine langfristige Ebene, die wir mit dem Matrixen ebenfalls positiv beeinflussen können. Jedes Mal, wenn du deinen Neubeginn matrixt, verändert sich dein Energiesystem und damit dein Leben. Um die Veränderung nachhaltig zu verankern, ist es wichtig, die Matrix-Übungen mit der Absicht auf *tiefe Transformation* umzusetzen.

Es ist also ein Unterschied,

- ob du aufgrund deines aktuellen Gemütszustandes eine Angst loslässt oder
- ob du eine Angst in Bezug auf deinen größten Herzenswunsch loslässt.

Jede Bitte, ob groß oder klein, ob kurz- oder langfristig, wirkt tief in unsere Persönlichkeitsstruktur hinein. Wie bereits erwähnt, brauchen manche Themen länger, bis sie vollständig aufgelöst sind. Je besser du Altes loslassen und dich mit Neuem identifizieren kannst, desto schneller wird die Veränderung vonstattengehen.

Beispiel: Wie Sabine ihr Leben verändert hat

Um aufzuzeigen, wie die Zwei-Punkte-Technik nach *Matrix Live* wirkt, habe ich aus den Erfahrungen verschiedener Ausbildungsteilnehmerinnen einmal ein fiktives Beispiel zusammengestellt.

Sabine, 48, Geschäftsführerin einer Kosmetikfirma und geschiedene Mutter zweier pubertierender Kinder, ist gesundheitlich angeschlagen und kann sich kaum erinnern, wie es sich anfühlt, gelassen, fit und fröhlich zu sein. Es ist ihr großer Herzenswunsch, ohne die körperlichen Einschränkungen durch ihre Rückenschmerzen zu leben, und sie wünscht sich einen Partner, mit dem sie sich über Dinge austauschen kann, die sie interessieren. Sie hat das Matrixen bei uns gelernt und entschließt sich, ihr Leben neu auszurichten. Sie wünscht sich mehr Energie und Bewegungsfreiheit. Sie definiert dies in Gedanken als ihren Neubeginn und beginnt zu matrixen.

Sabine stellt sich die Frage: *Wie erreiche ich dieses Ziel?* Intuitiv kommt die Antwort, dass sie mehr für den eigenen Körper tun sollte. Davon ist sie wenig angetan, denn Bewegung und Sport waren für sie immer zu anstrengend. Sie sagt sich, das sei ja auch nicht nötig, weil sie dies schließlich alles matrixen könne. Das ist viel bequemer. So matrixt Sabine mit allen gelernten Anwendungen das gewünschte Ziel: „Voller Energie und vital sein, mit einem gesunden Rücken".

Bald darauf erzählt ihr ein Freund, dass er jetzt Hatha-Yoga mache. Das interessiert Sabine wenig, denn mit Yoga hat sie nichts am Hut. Einen Tag später belauscht sie „zufällig" zwei Freundinnen im Bus, die sich begeistert über die Vorteile des Hatha-Yoga unterhalten. Weitere zwei Tage später stößt sie im Internet auf einen Artikel über Hatha-Yoga und die positiven Auswirkungen auf den Rücken. Weil Sabine eine gute Intuition hat und Zeichen im Universum deuten kann, zählt sie eins und eins zusammen. Sie beschließt, es einmal auszuprobieren.

Allerdings hat Sabine Widerstände, eine Yoga-Stunde zu besuchen. Sie matrixt als kurzfristiges Thema ihre Abneigung mit dem Thema: *Ich und Yoga machen.* Sie lässt blockierende Gefühle los und aktiviert ihr positives Ich-Gefühl mit der Sternenlicht-Meditation.

Am nächsten Tag schafft sie es, die erste Yoga-Stunde zu besuchen, und findet es irgendwie interessant. Sie spürt jedoch, dass dies nicht die richtige Yogalehrerin für sie ist und matrixt das Thema: *Die passende Yogalehrerin finden.* Einen Monat später hat sie die perfekte Yogalehrerin für sich gefunden und geht einmal pro Woche in die Stunde. Sechs Monate später macht sie täglich Übungen zu Hause, sie hat die Gewohnheit entwickelt, jeweils vor dem Frühstück 20 Minuten lang ein paar Übungen auszuführen. Manchmal spürt sie noch immer Widerstand, wenn es um Körperübungen im Yoga geht. Sie weiß, dass dieser aus ihrem Unterbewusstsein kommt und sie daran hindern möchte, eine positive Veränderung zu durchlaufen. Sie bleibt ruhig und lässt mit der Übung: „Wunschenergie freisetzen" den Druck los. Anschließend matrixt sie „Harmonisieren" und nimmt wahr, wie einiges an energetischem Ballast von ihr abfällt.

Sabine bleibt dran. Von Zeit zu Zeit matrixt sie ihre Rückenschmerzen und ihr Wohlbefinden mit einer gezielten Absicht auf den Neubeginn: Sie transformiert negative Gefühle, lässt Druck los, unterstützt sich mit der Fülle-Meditation und verbindet sich immer wieder mit ihrem Seelenführer.

Zwei Jahre später ist Sabine beschwerdefrei und zunehmend fröhlich. Sie hat jetzt sogar einen Freund. Er teilt ihre Interessen, denn sie hat ihn in ihren Yoga-Ferien in der Toskana kennengelernt – und am Ende des Urlaubs gleich mit nach Hause genommen.

Fazit: Den Weg gehen kannst nur du! Das Matrixen nach *Matrix Live* kann dich dabei unterstützen und einige innere Steine aus dem Weg räumen, sodass du deine Herzenswünsche leichter ins Leben bringen kannst.

Die Ängste der anderen

Eine der größten Herausforderungen im Neubeginn besteht darin, dass wir uns selbst treu bleiben und nicht auf die Ängste unserer Mitmenschen reagieren. Vielleicht möchtest du deinen Beruf wechseln, dich selbstständig machen, den Wohnort verändern oder eine ungewöhnliche Reise unternehmen. Es ist gut zu wissen, dass deine geschmiedeten Pläne nicht bei allen Mitmenschen gut ankommen müssen. In der Regel halten sich diese nicht zurück, wenn es darum geht, uns ihre Kritik mitzuteilen. Aus ihrer Sicht meinen sie es nur gut, weil sie uns vor möglichen Schwierigkeiten warnen wollen.

Ich konnte bei jedem großen Neubeginn beobachten, dass einige Menschen in meinem Umfeld von ihrer eigenen Angst ausgingen und diese auf mich projizierten. Das ist nicht förderlich, wenn man mutig seinen Weg gehen möchte. Solltest du feststellen, dass du solche Ängste übernommen hast, wird es Zeit, diese zu matrixen. Dazu kannst du die Emotion loslassen (siehe „Matrix-Anwendung 1") und anschließend zum Beispiel die Sternenlicht-Meditation (siehe „Sternenlicht") anhängen.

Mein Tipp

Wäge gut ab, mit wem du über deine Projekte sprechen möchtest. Über deine geplante Selbständigkeit zum Beispiel unterhältst du dich am besten mit Menschen, die in ihrem Leben positive Erfahrungen damit gemacht haben. Ähnliches gilt, wenn du vorhast, auszuwandern oder eine neue Beziehung einzugehen.

Das Hier und Jetzt genießen

Im Neubeginn sind wir stark auf die Zukunft ausgerichtet. Das kann unzufrieden machen, denn es setzt voraus, dass wir uns immer wieder mit Dingen beschäftigen, die noch nicht so sind, wie wir sie gerne hätten. Genuss ist ein Gefühl, das uns wieder ins Jetzt zurückbringt. Im Neubeginn sind solche Momente Gold wert. Sie lassen uns durchatmen und ganz im Moment ankommen. Genießen heißt, einverstanden zu sein mit dem Hier und Jetzt. Bewusster Genuss ist gelebte Dankbarkeit, eine der kraftvollsten und positivsten Herzqualitäten. Ich kann einen Augenblick lang alles so lassen, wie es ist, bin zufrieden damit und dankbar dafür. Dies heißt, dass ich ganz in den gegenwärtigen Moment eintauche und ihn mit allen Sinnen umarme. Meine Empfehlung an dich:

Stärke dein positives Ich-Gefühl täglich

Ganz zu Beginn dieses Buches haben wir schon darüber gesprochen: Das positive Ich-Gefühl ist die Basis für jeden gelungenen Neubeginn. Es ist ein Zustand innerer Ruhe, in dem sich alle Ebenen regenerieren: die physische, emotionale, gedankliche und seelische. Es bildet die Grundlage für die Heilung von Körper, Geist und Seele. Darum empfiehlt es sich bei jeder Veränderung, als Erstes das positive Ich-Gefühl zu stärken. Das Leben beginnt, magisch zu werden, sobald du emotionalen Ballast loslässt und damit dein positives Ich-Gefühl stärkst. Und eine kleine Prise Magie braucht es bei jedem Neuanfang. Stärke täglich dein positives Ich-Gefühl. Dazu empfehle ich dir, dass du jeden Morgen fünf bis zehn Minuten nur in deine Entwicklung investierst. Damit stärkst du deinen Willen, der von deiner Seele wahrgenommen wird. Diese erhält dadurch die Möglichkeit, einen positiven Einfluss auf deinen Tag zu nehmen.

Übung: Den Tag optimal vorbereiten

1. Atme ein paarmal tief ein und wieder aus.
2. Führe fünf- bis zehnmal die Herzatmung aus.
3. Führe die Sonnenmeditation aus.
4. Nimm wahr, wie ausgedehnt dein Bewusstsein ist und wie zentriert du bist. Schicke ein inneres Lächeln der Dankbarkeit an deinen Seelenführer. Visualisiere, wie als Antwort viele Glückspartikel von oben zu dir herunterschweben und sich in deinem Körper und um ihn herum manifestieren. Fühle dabei die Leichtigkeit und das Gefühl, getragen zu sein.
5. Matrixe zum Schluss die Absicht „Harmonisieren“ und starte deinen Tag.

Dieser Ablauf stärkt die Verbindung zu deiner Seele, deinem inneren Kern. Je stabiler diese Verbindung ist, desto kraftvoller, sicherer und authentischer wirst du werden.

Mein Tipp

Nimm dir bewusst Zeit zum Genießen. Komm immer wieder bei dir an und stärke deine eigene Kraft mit dem positiven Ich-Gefühl.

Normal ist, dass es dir gut geht

Vielleicht war der Normalzustand bisher, dass du dich klein gemacht hast, immer für andere da warst und dir selten deine eigenen Wünsche erfüllt hast. Du hast dich an zweite Stelle gesetzt und bist gewohnt, dass die Bedürfnisse der anderen wichtiger sind als deine eigenen. Nun hast du festgestellt, dass in deinem Leben etwas fehlt. Deine Lebensqualität ist zu gering, als dass du richtig glücklich sein könntest. Vielleicht fühlst du dich unwohl in deiner Haut oder in deiner Wohnung. Dein Beruf passt nicht mehr, und du hast das Bedürfnis, etwas Sinnvolles zu tun. Du möchtest neue Projekte angehen, eine lange geplante Reise machen, eine Produktidee umsetzen oder einen Partner finden, der richtig gut zu dir passt.

Das alles deutet daraufhin, dass du den Wunsch nach einem neuen Zustand der Normalität hast. Du willst im Leben an erster Stelle stehen. Nicht auf die egozentrische Weise, sondern in Harmonie mit der Welt. Du willst in der Fülle leben, das Leben genießen und die Leichtigkeit des Seins erleben. Du willst mehr auf deine Ernährung achten und achtsamer mit dir und anderen umgehen.

Es ist wichtig zu verstehen, dass wir unseren sogenannten Normalzustand selbst definieren.

Was in unserem Leben normal sein soll,
legen wir meistens unbewusst fest.

Für viele ist es normal, dass das Leben anstrengend ist. Wir reden uns ein, dass es so sein muss. Das Geld wächst nicht auf den Bäumen, man muss hart dafür arbeiten – solche und ähnliche Glaubensmuster bestärken uns in dieser Ansicht.

Definiere deinen Normalzustand, indem du dich bewusst für das Positive entscheidest. Wie möchtest du dich fühlen? In dem Moment, wo du ein gutes Gefühl hast oder dich in einem Stadium innerer Klarheit und Stabilität befindest, solltest du das zu deinem Normalzustand erklären. Dieser sollte so sein, wie du dir das Leben wünschst. Langfristig wird dieser neue Normalzustand immer häufiger eintreten und stabiler werden.

Die Selbstentfaltung ist ein Prozess, der sich in Schritten vollzieht. Zuerst geht es darum zu spüren, was wir nicht mehr haben wollen, dann geht es darum, wahrzunehmen, was wir haben wollen, und zu guter Letzt führt uns dieser Weg ans Ziel der Selbstentfaltung. Du gewinnst dabei jeden Tag an Stärke, weil du erlebst, dass du selbst in der Lage bist, etwas zu verändern. Du lernst schrittweise, immer mehr von deinen Herzenswünschen zu manifestieren. Jeder kleine Schritt zählt, denn in der Summe machen viele kleine Schritte eine große Veränderung aus.

Vielleicht möchtest du dein gesamtes Leben umkrempeln. Dann hast du eine klare Vision oder ein Ziel, wie es sein soll. Lass dir ein bis zwei Jahre Zeit, dann ist es einfacher. Je mehr du als Persönlichkeit wächst und als Seele reifst, desto größere Veränderungen werden möglich.

„Man überschätzt, was man in kurzer Zeit erreichen kann, man unterschätzt, was man in langer Zeit erreichen kann.“ (Autor unbekannt)

Anjali – weshalb ich meinen Namen geändert habe

Zum Schluss möchte ich dir mit einer meiner persönlichsten Geschichten Mut machen, trotz aller Widerstände aus der Umwelt deinen eigenen Weg zu gehen. Ich möchte dir zeigen, dass es sich lohnt, für deine Herzenswünsche einzustehen, auch wenn alle anderen um dich herum bei dem Gedanken daran die Hände über dem Kopf zusammenschlagen. Aus eigener Erfahrung weiß ich, dass es genau diese Neuanfänge sind, die uns zu innerem Wachstum bewegen, zu mehr Selbstvertrauen und Selbstverständnis. Wir brauchen Mut, und wir brauchen Vertrauen in uns und den Neuanfang. Es ist der Weg, den wir gehen, wenn wir aus unserem Korsett der Komfortzone ausbrechen und neue, eigene Wege beschreiten. Wer sich nur auf den von anderen vorgegebenen Bahnen bewegt, hinterlässt keinen eigenen Abdruck, so lautet eine Lebensweisheit.

Es geschah in einer Meditation im Winter 2011, als ich deutlich wahrnahm, dass ich mit meinem damaligen Geburtsnamen an eine Grenze stieß, die ich nicht überwinden konnte. Ein Ausweg, der mir gezeigt wurde, bestand darin, meinen Vornamen zu ändern. Bis dahin hatte ich mir über das Thema eines selbst gewählten Namens keine größeren Gedanken gemacht. Es war auch bis zu diesem Zeitpunkt nicht mein Wunsch gewesen. Doch nun stand ich vor dieser Entscheidung. Innerlich musste ich über mich schmunzeln, weil ich Leute, die ihre Vornamen wechselten, immer etwas seltsam gefunden hatte und überzeugt war, dass ich das nie tun würde.

Doch die Einsicht in der Meditation war so stark, dass sie all meine negativen Gedanken und Gefühle hinwegfegte. Von einem Moment auf den anderen war ich hundertprozentig bereit, meinen Namen zu wechseln. Ein einschneidender Neuanfang stand mir bevor. Ich sah immer wieder dieses Bild der inneren Grenze vor mir und wusste, dass ich sie überschreiten wollte. Ich spürte, dass es damit zu tun hatte, meinen eigenen Weg zu gehen, egal, was andere davon hielten. Deshalb beschloss ich auch, meinen neuen Namen selbst zu finden. Ich setzte mich also hin und meditierte.

In den ersten Tagen sah ich jedes Mal ein Bild von zwei Linien, die sich oben im Spitz trafen. Damit wusste ich, dass mein Name mit einem A beginnen würde. Ich meditierte weiter. Mein innerer Kommentator begann, lauter schöne Namen mit A aufzuzählen, weil mein Unterbewusstsein natürlich daran interessiert war, dass es ein schöner Name sein würde. Mehrere Tage meditierte ich regelmäßig – immer mit demselben Ergebnis: Da waren die zwei Linien, die sich im Spitz trafen und der Buchstabe A. Da es nicht weiterging, mischten sich aus meinen Gedanken alle möglichen und unmöglichen Namen. Da waren Aurelia, Arielle, Angelika, Aritta, Anna – je mehr Namen auftauchten, desto verwirrter wurde ich. Meine Gefühle schlugen Purzelbäume und ich dachte: *Du meine Güte, so kann ich mich doch nicht nennen, diese Namen haben nichts mit mir zu tun!*

Eines Abends stand ich wieder mal erschöpft und durcheinander von der Anstrengung meiner Gedanken aus der Meditation auf und legte mich zum Entspannen aufs Bett. Ich atmete eine Zeit lang tief ein und aus. In meinem Inneren wurde es langsam ruhiger. Mit geschlossenen Augen lag ich da. Ich war wach und entspannt. Undeutlich sah ich das Bild mit den zwei Linien, die sich oben zum Spitz trafen, vor meinem inneren Auge auftauchen. Das Bild wurde immer klarer, und ich erkannte, dass es sich dabei in Wahrheit um zwei Hände handelte, die sich zum Gruß falteten. Aufgrund meines Wissens über Yoga und den Indischen Tanz erkannte ich ein indisches *Mudra* (Handgeste), bei dem die Hände zum Gruß gefaltet werden. Mein Mund formte die Worte *Anjali-Mudra*. Und in dem Moment war ich hell wach. Ich saß kerzengerade im Bett und wusste: Mein Name ist Anjali!

Ich wusste weder die Bedeutung dieses Wortes, noch kannte ich seine genaue Herkunft, aber der Name fühlte sich richtig an. Nachdem ich meinen neuen Vornamen gefunden hatte, informierte ich mein Umfeld voller Freude über meine Entscheidung. Ich teilte allen mit, dass ich mich von nun an Anjali und nicht mehr Michèle nennen würde. Und dass sie mich auch so nennen sollten.

Ein Name trägt eine eigene Schwingung und einzigartige Informationen in sich. Er verleiht dem Namensträger eine besondere Kraft und hilft ihm dabei, diese Kraft zu leben. Per Internet habe ich herausgefunden, dass Anjali „Hingabe“ und „Geschenk an das Göttliche“ bedeutet. Das Göttliche ist in meinem Verständnis in uns allen vorhanden, und Hingabe ist eine Qualität, die mir lieb und vertraut ist. Im Nachhinein denke ich, dass Anjali als Name zu mir kam, um mich in meiner Hingabe an meinen Weg zu bestärken. Mir Mut zu machen, für mich und meine Wünsche einzustehen und meinen eigenen Weg zu gehen, so wie ich es möchte.

Als ich mein Umfeld über meinen Namenswechsel informierte, durfte ich genau diese Fähigkeiten üben. Es war für mich eine große Herausforderung, zu mir und meinen Wünschen zu stehen. Es folgte eine turbulente Zeit. Ich stellte fest, dass der Wechsel des Vornamens in unserer Gesellschaft eine größere Sache ist, als ich mir vorgestellt hatte. An eine Änderung in den Dokumenten war nicht zu denken. Das war mir auch nicht wichtig – mir ging es darum, wie ich gerufen wurde und mit welchem Vornamen ich mich vorstellte. Dennoch irritierte mich der Widerstand, der mir aus meiner Umgebung entgegenschlug. Wenn man heiratet, ändert man schließlich auch seinen Namen, und das scheint niemanden zu stören. Auch Spitznamen sind o.k. und werden von den Mitmenschen toleriert. Aber bewusst darauf zu bestehen, dass ich einen neuen Vornamen angenommen hatte, war für viele sehr ungewohnt.

Dies ist eine Prägung durch unseren Kulturkreis. In einigen anderen Regionen der Welt ist ein Namenswechsel normal. In Indien zum Beispiel kann man auf seinem spirituellen Weg einen neuen Namen annehmen, um sich damit besser von alten Prägungen aus der Vergangenheit lösen zu können. Dies galt, wie ich feststellen musste, jedoch nicht für die Schweiz. Auf Facebook schlug mir ein kalter Wind entgegen. Viele Freunde und Bekannte waren irritiert. Einige löschten mich umgehend aus ihrer Freundschaftsliste, andere warfen mir vor, egoistisch zu sein und zu viel von ihnen zu verlangen. Eine Freundin beharrte auf ihrem Recht, mich so zu nennen, wie sie es gewohnt war, und unsere Beziehung zerbrach daran. Ich konnte zusehen, wie meine Liste der Facebook-Freunde allmählich schrumpfte, und ich erhielt ein paar bissige Mails von Freunden und Bekannten. Einige waren der Meinung, sie hätten das Recht, mich zu nennen, wie auch immer sie wollten. Andere fanden meinen neuen Namen so unpassend, dass sie sich weigerten, ihn zu verwenden. Manche sind bis heute so verunsichert, dass sie mich nicht mehr mit Namen ansprechen.

Noch nie in meinem Leben war ich mit derart vielen offensichtlichen, negativen Bemerkungen meiner Umwelt konfrontiert worden. In mir brodelte es. Da waren viele diffuse Zweifel und Ängste. Mein innerer Kommentator fragte sich ständig: Was denken die anderen? Werden sie mich noch mögen? Werden sie meinen Wunsch mit der Zeit akzeptieren?

Ich habe in dieser Zeit gelernt, über mich hinauszuwachsen. Ich habe gelernt, dass die Ablehnung anderer nur ihr eigenes Unvermögen ist, angemessen mit der Situation umzugehen. Daneben gab es auch unerwartet schöne Momente. Als zum Beispiel ein Freund zu mir sagte: „Wie du dich nennst, ist deine Sache. Ich freue mich über dich als Menschen und respektiere deshalb jeden Namen."

Dieses Wechselbad der Gefühle hatte einen reinigenden Effekt auf meine Meinung über mich und die anderen. Ich realisierte, dass die Welt nicht untergeht, wenn ich ein paar Menschen verunsichere oder gar wütend mache. „Manchmal ist ein Ja zu mir ein Nein zu dir", hat mal jemand gesagt, und daran erinnerte ich mich jetzt. Ich matrixte meine negativen Gefühle und harmonisierte damit immer wieder meine innere Welt. Ich blieb, so gut ich konnte, im positiven Ich-Gefühl, löste eigenen Groll auf und lernte Schritt für Schritt, zu mir und zu meinem Weg zu stehen. Die innere Grenze, die ich in der Meditation im Bezug auf meinen alten Namen Michèle wahrgenommen hatte, löste sich nach und nach auf. Meine Hingabe galt nicht mehr wie früher den Meinungen der anderen, sondern mir selbst. Ich hatte gelernt, für meinen Weg einzustehen und meine Entscheidung zu respektieren. Ich realisierte, dass ich es in der Vergangenheit allen recht machen wollte und dabei vergessen hatte, es der wichtigsten Person in meinem Leben recht zu machen – mir selbst. Ich habe respektiert, wenn jemand in meinem Umfeld mit meinem neuen Namen nicht einverstanden war und die Konsequenzen daraus gezogen. Das hat dazu geführt, dass ich heute Menschen um mich habe, die mich so mögen, wie ich bin, und mich darin bestärken, mich auf die Abenteuer einzulassen, die ich mir ausgesucht habe.

BEWEGENDE BIOGRAFIEN

„Wir brauchen vor nichts Angst zu haben. Nicht einmal vor dem Tod."

Obwohl die Ärzte sie schon abgeschrieben haben, kämpft sich Martha nach einem schweren Unfall wieder in ihr Leben zurück.

Die Begegnung mit ihrem Schutzengel, die sie während des Unfalls hatte, hat ihr einen Blick in die Ewigkeit gewährt.

Sie hat sich entschieden, ihren Söhnen wieder die Mutter zu sein, die sie vor dem Unfall war.

Offen und ehrlich lässt sie uns teilhaben an den kleinen und großen Höhepunkten auf ihrem Weg zur Heilung, an dem Blick, den sie heute auf das Leben und Sterben wirft, und auf die Verbindung zwischen den großen Religionen unserer Zeit.

Das packende Portrait einer mutigen Frau, die sich ins Leben zurück kämpft.

Inspiration und Mutmachbuch für alle Menschen, die Angst vor dem Tod haben oder gerade eine schwere Krankheit/Krise überwinden.

Ein Plädoyer für die Liebe und Unterstützung, die wir von Menschen und auch von nicht-sichtbaren Kräften erfahren, die uns allzeit umgeben.

Autorin:
Martha Brookhart Halda

Umfang:
ca. 230 Seiten

Format:
148 x 210 mm

D: € 19,95

Uns vom sorriso Verlag liegt es am Herzen, Dich in Deinem Wachstum zu unterstützen und Dir hilfreiche Impulse für mehr Leichtigkeit, Lebensfreude und Vertrauen zu geben.

Weitere Bücher, Seminare und hochwertige Produkte findest Du unter:
www.sorriso-verlag.com und **www.findall-kristalle.ch**

Das Angebot wird immer weiter wachsen. Schau am besten regelmäßig vorbei oder trage Dich gleich in unseren colibri-Newsletter ein:
www.sorriso-verlag.com/newsletter

Vielen Dank.

Alles Liebe wünscht Dir
das Team vom sorriso Verlag!